掌尚文化

SALUTE & DISCOVERY

致敬与发现

贵州省社会科学院蓝皮书

BLUE BOOK OF GUIZHOU ACADEMY OF SOCIAL SCIENCES

贵州文化产业
发展报告

（2019~2020）

ANNUAL REPORT ON CULTURAL INDUSTRY DEVELOPMENT
OF GUIZHOU (2019－2020)

主　编／黄　勇　王　前
副主编／蒋莉莉　卯　涛　蔡　伟

经济管理出版社
ECONOMY & MANAGEMENT PUBLISHING HOUSE

图书在版编目（CIP）数据

贵州文化产业发展报告.2019-2020/黄勇，王前主编.—北京：经济管理出版社，2021.3

ISBN 978-7-5096-7869-5

Ⅰ.①贵…　Ⅱ.①黄…　②王…　Ⅲ.①文化产业—产业发展—研究报告—贵州—2019-2020　Ⅳ.①G127.73

中国版本图书馆 CIP 数据核字（2021）第 056645 号

组稿编辑：宋　娜
责任编辑：张馨予
责任印制：黄章平
责任校对：陈晓霞

出版发行：经济管理出版社
　　　　　（北京市海淀区北蜂窝 8 号中雅大厦 A 座 11 层　100038）
网　　　址：www.E-mp.com.cn
电　　话：(010) 51915602
印　　刷：唐山昊达印刷有限公司
经　　销：新华书店
开　　本：720mm×1000mm /16
印　　张：14.5
字　　数：208 千字
版　　次：2021 年 4 月第 1 版　　2021 年 4 月第 1 次印刷
书　　号：ISBN 978-7-5096-7869-5
定　　价：198.00 元

《贵州文化产业发展报告》
编委会

主　编　黄　勇　王　前
副主编　蒋莉莉　卯　涛　蔡　伟
编　辑　魏　霞　王　彬　陈绍宥　吴　杰
　　　　蔡　伟　朱　薇　罗以洪　戈　弋
　　　　王国丽　王红霞　潘　一　龙海峰

主要编撰者简介

黄 勇 男，贵州省社会科学院文化产业发展研究中心主任、研究员，贵州省省管专家、政府特殊津贴专家，省宣传文化系统"四个一批"人才。先后就读于武汉大学（法学学士，主修社会学，辅修经济学）、中国社会科学院研究生院（经济学硕士、经济学博士研究生）。主要研究方向为区域经济、产业经济、投资经济、发展经济学。1996 年 7 月以后在贵州省社会科学院工作，分别于 2001 年、2006 年、2009 年被评为助理研究员、副研究员、研究员（破格），2008 年任西部开发研究所副所长，2012 年任区域经济研究所所长。1997~1998 年挂职担任贵州省独山县水岩乡政府乡长助理，2010~2012 年挂职担任贵州省万山区委常委、副区长、工业园区管委会副主任。2007~2008 年在国家发展和改革委员会宏观经济研究院做"西部之光"访问学者，2015~2016 年荷兰乌德勒支大学（Utrecht University）访问学者。截至 2019 年，先后主持国家社科基金项目 1 项、其他各类项目 30 多项，参与各级各类课题 60 多项，独立、合作出版专著 10 多部，公开发表论文 40 余篇。

王　前　男，1966年3月生，1987年毕业于中央民族学院经济系政治经济学专业，1987年在贵州省社会科学院工作，副研究员，贵州文化产业研究中心副主任. 出版一本专著，主持十多项课题，发表文章近三十篇. 2010年开始参与编写贵州文化产业蓝皮书。

目　录

总报告
General Report

加快文化与旅游深度融合，促进文化产业高质量发展

——2019~2020年贵州文化产业发展报告

···········黄　勇　王　前　蔡　伟　陈绍宥　龙海峰 / 003

一、贵州文化产业发展现状及特点 ············· 004

二、存在的问题 ··························· 018

三、与西部地区发展比较 ··················· 021

四、发展环境分析 ························· 024

五、发展趋势分析 ························· 026

六、对策及建议 ··························· 033

文化旅游篇
Cultural Tourism Report

贵州省文化旅游产业发展报告

·····································王　前 / 037

一、文化旅游产业发展现状及特点 …………………………… 037

二、存在的主要问题 ………………………………………… 042

三、2019 年发展环境与趋势分析 …………………………… 043

四、推进文化和旅游深度融合发展的对策建议 …………… 045

贵州山地文化旅游发展研究

…………………………………………… 王国丽 / 049

一、贵州山地文化旅游的资源依托 ………………………… 050

二、贵州山地文化旅游的开发和应用 ……………………… 053

三、贵州发展山地文化旅游的政策建议 …………………… 064

贵州省旅游产业发展报告

………… 蒋莉莉 蔡 伟 吴 杰 王 前 陈绍宥 / 067

一、发展现状 ………………………………………………… 067

二、发展环境和趋势 ………………………………………… 080

三、2019 年贵州旅游再启征程 …………………………… 087

贵州省重点旅游景区发展报告

………………………………………………… 蔡 伟 / 093

一、发展现状 ………………………………………………… 094

二、发展环境和趋势 ………………………………………… 103

贵州省温泉文化旅游产业发展报告

………………………………………………… 王 前 / 109

一、温泉文化旅游发展现状及特点 ………………………… 110

二、存在的主要问题 ……………………………… 114

三、2019 年发展环境与趋势分析 ……………… 116

四、对策及建议 …………………………………… 117

贵州旅游商品发展研究

………………………………………… 陈绍宥 / 119

一、贵州旅游商品发展情况 …………………… 120

二、贵州旅游商品发展的环境条件分析 ……… 123

三、推进贵州旅游商品提质发展重点 ………… 124

四、对策及建议 ………………………………… 127

案例篇
Case Report

乌江经济走廊文化与旅游产业融合发展思考
——以德江县为例

………… 潘　一　王　前　黄　勇　王　彬 / 133

一、发展现状与特点 …………………………… 133

二、基本思路 …………………………………… 138

三、加快特色文化产业发展 …………………… 138

四、促进文化与全域旅游融合创新发展 ……… 140

安顺乡村文化与旅游融合发展思考

………………………… 吴　杰　王红霞 / 142

一、发展现状与特征 …………………………… 142

二、推进乡村文化繁荣发展 …………………… 144

三、加快乡村旅游与文化融合发展 ·································· 153

新加坡经验对加快贵州文化产业创新发展的启示
··· 黄　勇 / 156
一、新加坡发展的基本经验 ······························ 156
二、新加坡主要文化产业概况 ···························· 159
三、加快贵州文化产业发展的建议 ······················ 161

正安吉他文化产业发展思考
······························· 陈绍宥　蔡　伟 / 164
一、主要做法 ·· 165
二、发展环境分析 ·· 166
三、2019 年吉他产业展望 ································· 167
四、推进吉他产业融合式发展 ···························· 168

专题研究
Project Work

政策支撑文化产业高质量发展的贵州实践
··· 王红霞 / 173
一、政策支撑文化产业高质量发展的重要意义 ············ 174
二、政策支撑推进贵州文化产业高质量发展的实践探索 ······ 175
三、政策支撑推进贵州文化产业发展存在的主要问题 ········ 180
四、多措并举更好发挥文化经济政策对文化产业
发展的支撑保障作用 ·································· 181

贵州乡村文化发展与振兴思考

王 彬 王跃斌 黄 晓 / 184

一、发展基础 ……………………………………… 184

二、增加乡村公共文化服务供给 …………………… 186

三、传承发展乡村优秀文化 ………………………… 188

四、开展多种形式群众文化活动 …………………… 189

五、着力发展乡村文化产业 ………………………… 190

马克思主义视域下贵州民族文化产业发展路径研究

宋鹏程 / 192

一、贵州民族文化产业发展现状分析 ……………… 193

二、贵州民族文化产业发展存在的问题 …………… 194

三、推动贵州民族文化产业发展的对策及建议 …… 197

大事记
Major Event

"多彩贵州" 品牌轻资产运营模式研究

王红霞 / 203

一、轻资产运营模式的内涵及理论基础 …………… 204

二、"多彩贵州" 品牌轻资产运营模式的实践探索 …… 205

三、"多彩贵州" 品牌运营面临的主要困境 ………… 210

四、促进 "多彩贵州" 品牌可持续发展的对策建议 ……… 211

2019 年文化产业大事记 …………………………… 215

总报告
General Report

加快文化与旅游深度融合，
促进文化产业高质量发展

——2019~2020年贵州文化产业发展报告

黄　勇　王　前　蔡　伟　陈绍宥　龙海峰*

摘　要： 近年来，贵州省文化产业保持高速发展，2018年贵州省文化产业营业收入超千亿元，文化与旅游融合发展呈现新气象，已建成14个文化旅游融合发展类型的文化产业园区（基地），文化与旅游产业融合发展平台进一步夯实，文化产业发展进一步壮大，但仍存在融资难、规模小、创新型人才匮乏，文化产业与其他产业融合深度浅、宽度不广等问题。2019~2020年，贵州省文化产业发展要紧紧抓住国家与省实施，加大创新型、领军型、高层次复合型人才引进力度，推动文化产业与其他产业在深度、宽度方面融合发展，促进文化产业高质量发展。

关键词： 文化产业；高质量发展；贵州

---

* 黄勇，贵州省社会科学院副院长，省管专家。王前，贵州省社会科学院区域经济研究所副研究员。蔡伟，贵州省社会科学院工业经济研究所副研究员。陈绍宥，贵州省社会科学院区域经济研究所副研究员。龙海峰，中共清镇市委党校市情研究中心讲师。

一、贵州文化产业发展现状及特点

（一）产业总体仍然保持高速发展

"十三五"以来，贵州省着力文化产业供给侧结构性与深化国有文化企业改革，加快推进《贵州省"十三五"文化事业和文化产业发展规划》重大项目建设，积极推动文化产业与其他产业融合发展，文化产业发展势头迅猛。从2015~2017年贵州省文化及相关产业发展变动情况看，贵州省文化产业持续高速发展的态势较为明显。2015年底，贵州省有文化及相关产业单位15262个（包括行政事业单位、社团和企业），比上年增加2351个，增长18.2%；个体工商户28818户，比上年减少22518户，下降43.9%；从业人员26.48万人，比上年减少5.75万人，下降15.8%；文化及相关产业收入827.14亿元，比上年增加121.46亿元，增长17.2%；文化及相关产业增加值241.57亿元，比上年增加70.53亿元，增长41.0%。2016年贵州省文化及相关产业法人单位24668个、从业人员34.58万人、资产总计2285.87亿元、营业收入953.30亿元，分别较上年增长55.3%、30.6%、35.7%、31.3%。2016年规模以上文化企业由2015年的300余家增加到560多家，文化产业增加值285.29亿元，比上年增加43.72亿元，增长17.8%。2017年，贵州省文化及相关产业法人单位36898个，比上年增加12230个；从业人员41.71万人，比上年增加7.13万人；资产总计3896.17亿元，比上年增加1610.3亿元；营业收入969.38亿元，比上年增加16.08亿元；总产出883.43亿元；增加值324.04亿元，比上年增加38.75亿元，较上年增长13.6%。2018年，根据第四次经济普查，贵州省文化及相关产业法人单位32818个，从业人员

26.49 万人，资产总计 4985.66 亿元，营业收入 790.05 亿元，总产出 815.09 亿元，完成增加值 446.56 亿元，较上年增长 37.80%，占全省 GDP 的 2.91%（见表 1）。其中创意设计服务增加值占 23.30%，位列文化相关产业九大门类第一位。

表 1　2015~2018 年贵州省文化及相关产业主要指标

指标	单位	2015 年	2016 年	2017 年	2018 年
法人单位数	个	15889	24668	36898	32818
从业人员数	万人	26.48	34.58	41.71	26.49
资产总计	亿元	1684.28	2285.87	3896.17	4985.66
营业收入	亿元	726.26	953.30	969.38	790.05
增加值	亿元	241.57	285.29	324.04	446.56
总产出	亿元	647.33	786.63	883.43	815.09

（二）产业结构不断优化

从 2017 年文化产业统计涉及的文化制造业、文化批零业、文化服务业三大产业对文化产业增加值的贡献看，文化制造业增加值 65.52 亿元，文化批零业增加值 80.29 亿元、文化服务业增加值 178.22 亿元，分别占贵州省文化产业增加值的 20.2%、24.8% 和 55.0%（见图 1）。

从 2017 年文化产业法人企业、非企业法人单位、个体户对文化产业增加值的贡献看，2017 年文化产业法人企业增加值 218.50 亿元（其中规模以上 117.83 亿元、规模以下 100.66 亿元）、非企业法人单位增加值 16.5 亿元、个体户增加值 89.05 亿元，分别占文化及相关产业增加值的 67.4%、5.1% 和 27.5%。

从 2017 年规模以上与规模以下文化产业法人单位主要指标构成情

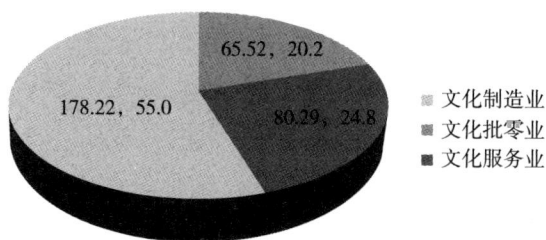

图1 文化产业三大产业类型增加值和占比情况（单位：亿元，%）

况看，规模以上文化产业法人单位799个，从业人员6.65万人，资产总计926.87亿元，营业收入386.83亿元；规模以下法人单位36099个，从业人员35.06万人，资产总计2969.30亿元，营业收入582.55亿元（见表2）。

表2 2017年规模以上与规模以下法人单位主要指标构成情况

指标名称	法人单位 （个）	从业人员 （万人）	资产总计 （亿元）	营业收入 （亿元）
全省合计	36898	41.71	3896.17	969.38
规模以上法人单位	799	6.65	926.87	386.83
规模以上制造业	156	1.94	109.71	195.62
限上批零业	123	0.45	67.08	55.76
重点服务业	520	4.25	750.09	135.45
规模以下法人单位	36099	35.06	2969.30	582.55
规模以下制造业	4644	6.98	240.23	145.50
限下批零	1124	1.56	88.30	93.28
非重点服务业	21600	17.85	2292.21	343.77
服务业事业单位	6985	4.41	341.49	—
服务业其他单位	1746	4.26	7.07	—

资料来源：《2017年贵州文化产业发展统计公报》。

（三）区域发展极不平衡

近年来，贵州9个市（州）文化产业发展呈现高速发展态势。从2015年增加值与增速来看，各市（州）按文化及相关产业增加值名义增速排序依次为黔南州、铜仁市、安顺市、遵义市、毕节市、六盘水市、黔西南州、贵阳市和黔东南州，名义增速分别为51.03%、27.77%、24.51%、17.40%、17.19%、14.48%、9.05%、8.80%和下降2.28%。按对全省文化及相关产业增加值贡献率排序依次为黔南州、遵义市、贵阳市、安顺市、六盘水市、铜仁市、毕节市、黔西南州和黔东南州，贡献率分别为27.11%、20.09%、17.15%、10.61%、8.59%、8.53%、6.66%、2.65%和-1.34%。文化及相关产业增加值占GDP的比重提高幅度高于全省平均水平的有黔南州、铜仁市、安顺市，其中黔南州比上年提高1.08个百分点。从文化产业增加值占GDP比重来看，2016年各市（州）文化产业增加值占GDP比重按从高到低排列依次为：黔南州4.31%、安顺市4.22%、贵阳市3.59%、黔东南州3.49%、遵义市3.12%、六盘水市2.85%、铜仁市2.57%、黔西南州2.00%、毕节市1.54%。2017年各市（州）文化产业增加值占GDP比重按从高到低排列依次为：黔南州4.50%、贵阳市3.97%、安顺市3.78%、铜仁市3.23%、遵义市2.93%、毕节市2.80%、黔东南州2.67%、黔西南州2.35%、六盘水市1.25%。2018年，全省各市（州）文化产业增加值占GDP比重按从高到低排列依次为：安顺市4.35%、黔南州3.94%、贵阳市3.36%、黔西南州3.08%、铜仁市3.04%、黔东南州2.84%、毕节市2.75%、遵义市1.92%、六盘水市1.80%。

（四）九大行业竞相发展

根据国家统计局于2018年4月2日新修订颁布的《文化及相关产业分类（2018）》，文化产业共分为九大类行业，其中新闻信息服务、内容创作生产、创意设计服务、文化传播渠道、文化投资运营和文化娱乐休闲服务六大类行业属于核心领域，是为直接满足人们的精神需要而进行的创作、制造、传播、展示等文化产品和服务，以及为实现文化产品的生产活动所需的文化辅助生产和中介服务、文化装备生产和文化消费终端生产三大类文化相关行业。国家统计局反馈数据显示，2017年贵州文化产业核心领域六大类行业实现增加值为229.44亿元、占全省文化产业增加值的70.8%；文化相关领域三大类行业实现增加值94.60亿元、占全省文化产业增加值的29.2%；九大类行业增加值由高到低依次为：文化传播渠道、创意设计服务、文化消费终端生产、文化娱乐休闲服务、文化辅助生产和中介服务、内容创作生产、新闻信息服务、文化装备生产、文化投资运营，其中代表新兴文化业态的"创意设计服务"和部分代表新兴文化业态的"文化传播渠道"分别实现增加值59.27亿元和77.71亿元，两者合计占全省文化产业的比重为42.3%（见图2）。

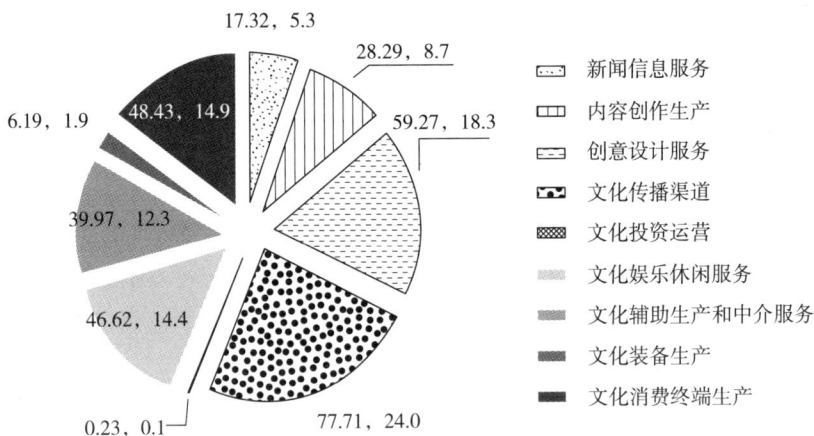

图 2 文化产业九大行业增加值和占比按行业分布情况（单位：亿元，%）

1. 文化传播渠道

2017年，全省文化传播渠道行业完成增加值77.71亿元、占全省文化产业增加值的24%。文化传播渠道行业共涉及七类19个小行业，其中出版物发行、广播电视节目传输和工艺美术品销售三类行业占据文化传播渠道行业主要地位，分别完成增加值的 38.31 亿元、21.46 亿元和 14.69 亿元，三者合计占全省文化传播渠道行业增加值的 95.82%。出版物发行业以图书批发和图书、报刊零售两个行业为主，分别完成增加值 28.81 亿元和 9.23 亿元，分别占出版物发行业增加值的 75.19% 和 24.08%；有线广播电视传输服务业完成增加值 21.22 亿元，占广播电视节目传输业增加值的 98.87%；电影放映业完成增加值 3.06 亿元，占广播影视发行放映业增加值的 98.66%；首饰、工艺品及收藏品批发完成增加值 10.35 亿元，占工艺美术品销售业增加值的 70.43%；艺术表演和互联网文化娱乐平台分别实现增加值 1264.59 万元和 192.78 万元；艺术品拍卖及代理尚未迈开步伐（见表 3）。作为全省出版物发行龙头的贵州出版集团，2017 年发行板块实现营业收入 19.2 亿元；从事有线广播电视传输服务的贵广网络公司于 2016 年 12 月成功实现 A 股上市，2016 年、2017 年连续两年获得中宣部全国文化企业 30 强提名奖，2017 年完成经营收入 26.1 亿元。2018 年 1~6 月，全省 197 家城市影院，共拥有 899 块银幕，累计放映电影 82.21 万场，观影人数达 1192.70 万人次，实现票房收入 4.007 亿元。

表 3　2017 年全省文化传播渠道行业增加值情况

指标名称	增加值（万元）	指标名称	增加值（万元）
出版物发行	383132.02	艺术表演	1264.59
图书批发	288091.96	—	—
报刊批发	0	互联网文化娱乐平台	192.78
音像制品、电子和数字出版物批发	0	—	—
图书、报刊零售	92272.57	艺术品拍卖及代理	0
音像制品、电子和数字出版物零售	2213.56	艺术品、收藏品拍卖	0
图书出租	72.76	艺术品代理	0

续表

指标名称	增加值 （万元）	指标名称	增加值 （万元）
音像制品出租	481.17	工艺美术品销售	146921
广播电视节目传输	214584.15	首饰、工艺品及收藏品批发	103475.42
有线广播电视传输服务	212155.00	—	—
无线广播电视传输服务	2423.70	珠宝首饰零售	28107.34
广播电视卫星传输服务	5.45	工艺美术品及收藏品零售	15338.24
广播影视发行放映	31000.66	—	—
电影和广播电视节目发行	416.81	—	—
电影放映	30583.85	—	—

资料来源：《2017年贵州文化产业发展统计公报》。

2. 创意设计服务

2017年，全省创意设计服务行业完成增加值59.27亿元、占全省文化产业增加值的18.3%。创意设计服务行业涉及广告服务和设计服务两类行业，分别完成增加值28.92亿元和30.35亿元，互联网广告服务和其他广告服务分别占广告服务行业增加值的28.02%和71.97%，建筑设计服务、工业设计服务和专业设计服务分别占设计服务行业增加值的49.24%、12.43%和38.33%（见表4）。

表4　2017年全省创意设计服务行业增加值情况

指标名称	增加值 （万元）	指标名称	增加值 （万元）
设计服务	303517.45	广告服务	289188.18
建筑设计服务	149445.26	互联网广告服务	81046.54
工业设计服务	37736.56	其他广告服务	208141.64
专业设计服务	116335.63	—	—

资料来源：《2017年贵州文化产业发展统计公报》。

3. 文化消费终端生产

2017 年，全省文化消费终端生产行业完成增加值 48.43 亿元、占全省文化产业增加值的 14.9%。文化消费终端生产行业共涉及五类、15 个小行业，节庆用品制造业和信息服务终端制造及销售业占文化消费终端生产行业主要地位，分别完成增加值 16.87 亿元和 28.03 亿元，两者合计占全省文化消费终端生产行业增加值的 92.7%。其中节庆用品制造主要来源于烟花、鞭炮产品制造；信息服务终端制造及销售制造主要来源于家用视听设备批发和家用视听设备零售，家用视听设备批发和家用视听设备零售分别完成增加值 14.32 亿元和 8.21 亿元，两者合计占信息服务终端制造及销售制造增加值的 80.36%。文具制造及销售、玩具制造和笔墨制造分别完成增加值 2.29 亿元、1.02 亿元和 0.22 亿元，分别占全省文化消费终端生产行业增加值的 4.73%、2.11% 和 0.45%（见表 5）。

表 5　2017 年全省文化消费终端生产行业增加值情况

指标名称	增加值（万元）	指标名称	增加值（万元）
文具制造及销售	22906.17	信息服务终端制造及销售	280312.31
文具制造	1356.47	电视机制造	30555.78
文具用品批发	15572.45	音响设备制造	5438.93
文具用品零售	5977.25	可穿戴智能文化设备制造	0
笔墨制造	2178.14	其他智能文化消费设备制造	0
笔的制造	404.60	家用视听设备批发	143164.77
墨水、墨汁制造	1773.54	家用视听设备零售	82094.56
玩具制造	10249.8	其他文化用品批发	7700.66
玩具制造	10249.8	其他文化用品零售	11357.61
节庆用品制造	168686.18	—	—
烟花、鞭炮产品制造	168686.18	—	—

资料来源：《2017 年贵州文化产业发展统计公报》。

4. 文化娱乐休闲服务

2017 年，全省文化娱乐休闲服务行业完成增加值 46.62 亿元、占全省文化产业增加值的 14.4%。文化娱乐休闲服务行业共涉及三类、15 个小行业，其中娱乐服务、景区游览服务和休闲观光游览服务分别完成增加值 29.86 亿元、15.91 亿元和 0.84 亿元，分别占全省文化娱乐休闲服务行业增加值的 64.06%、34.14% 和 1.80%。娱乐服务行业中占主导的是歌舞厅娱乐活动和网吧活动两个行业，分别实现增加值 11.69 亿元和 15.68 亿元，两者合计占娱乐服务行业增加值的 91.67%；景区游览服务行业中占主导的是名胜风景区管理和其他游览景区管理，分别实现增加值 10.71 亿元和 3.82 亿元，两者合计占景区游览服务行业增加值的 91.29%（见表 6）。

表 6 2017 年全省文化娱乐休闲服务行业增加值情况

指标名称	增加值（万元）	指标名称	增加值（万元）
娱乐服务	298641.25	景区游览服务	159143.22
歌舞厅娱乐活动	116923.69	城市公园管理	10150.77
电子游艺厅娱乐活动	11541.42	名胜风景区管理	107135.90
网吧活动	156841.93	森林公园管理	1650.01
其他室内娱乐活动	5609.99	其他游览景区管理	38152.16
游乐园	5887.12	自然遗迹保护管理	0
其他娱乐业	1837.10	动物园、水族馆管理服务	1492.97
休闲观光游览服务	8393.04	植物园管理服务	561.41
休闲观光活动	8393.04	—	—
观光游览航空服务	0	—	—

资料来源：《2017 年贵州文化产业发展统计公报》。

5. 文化辅助生产和中介服务

2017 年，全省文化辅助生产和中介服务行业完成增加值 39.97 亿元、占全省文化产业增加值的 12.3%。文化辅助生产和中介服务行业共涉及七类行业，其中增加值排名前三的依次为印刷复制服务、文化经纪代理服务和文化科研培训服务，分别实现增加值 24.99 亿元、8.78 亿元和 2.90 亿元，分别占文化辅助生产和中介服务行业增加值的 65.52%、21.97%和 7.27%。包装装潢及其他印刷实现增加值 20.59 亿元，占印刷复制服务行业增加值的 82.39%；文化活动服务和婚庆典礼服务分别完成增加值 3.29 亿元和 4.32 亿元，两者合计占文化经纪代理服务行业增加值的 86.73%；学术理论社会（文化）团体和文化艺术培训分别完成增加值 1.30 亿元和 1.52 亿元，两者合计占文化科研培训服务行业增加值的 97.21%；文化用机制纸及纸板制造完成增加值 1.12 亿元，占文化辅助用品制造行业增加值的 95.88%；会议、展览及相关服务和文化设备（用品）出租服务行业分别实现增加值 1.27 亿元和 0.86 亿元；版权服务实现增加值 1.56 万元（见表 7）。

表 7　2017 年全省文化辅助生产和中介服务行业增加值情况

指标名称	增加值（万元）	指标名称	增加值（万元）
文化辅助用品制造	11663.31	文化经纪代理服务	87822.16
文化用机制纸及纸板制造	11182.28	文化活动服务	32931.74
手工纸制造	478.56	文化娱乐经纪人	138.30
油墨及类似产品制造	0	其他文化艺术经纪代理	2971.19
工艺美术颜料制造	2.47	婚庆典礼服务	43239.23
文化用信息化学品制造	0	文化贸易代理服务	0
印刷复制服务	249895.62	票务代理服务	8541.70
书、报刊印刷	21102.32	文化设备（用品）出租服务	8592.63
本册印制	4605.73	休闲娱乐用品设备出租	8592.63
包装装潢及其他印刷	205878.71	文化用品设备出租	0
装订及印刷相关服务	12040.91	文化科研培训服务	29038.95
记录媒介复制	37.53	社会人文科学研究	260.61

指标名称	增加值（万元）	指标名称	增加值（万元）
摄影扩印服务	6230.42	学术理论社会（文化）团体	13004.79
版权服务	1.56	文化艺术培训	15224.16
版权和文化软件服务	1.56	文化艺术辅导	549.39
会议展览服务	12668.87	—	—
会议、展览及相关服务	12668.87	—	—

资料来源：《2017年贵州文化产业发展统计公报》。

6. 内容创作生产

2017年，全省内容创作生产行业完成增加值 28.29 亿元、占全省文化产业增加值的 8.7%。其中工艺美术品制造和创作表演服务分别实现增加值 12.31 亿元和 7.35 亿元，两者合计占内容创作生产行业增加值的 69.49%；数字内容服务、内容保存服务、广播影视节目制作、艺术陶瓷制造分别实现增加值 3.14 亿元、2.94 亿元、2.82 亿元和 0.40 亿元，分别占内容创作生产行业增加值的 11.10%、10.39%、9.95% 和 1.40%（见表8）。

表8 2017年全省内容创作生产行业增加值情况

指标名称	增加值（万元）	指标名称	增加值（万元）
出版服务	-6584.66	内容保存服务	29401.23
图书出版	-8866.69	图书馆	8728.67
期刊出版	1832.07	档案馆	10723.90
音像制品出版	96.07	文物及非物质文化遗产保护	3218.64
电子出版物出版	10.48	博物馆	5902.97
数字出版	128.14	烈士陵园、纪念馆	827.05
其他出版业	215.27	工艺美术品制造	123102.31
广播影视节目制作	28153.42	雕塑工艺品制造	38490.41

指标名称	增加值 （万元）	指标名称	增加值 （万元）
影视节目制作	27613.32	金属工艺品制造	7735.88
录音制作	540.10	漆器工艺品制造	774.02
创作表演服务	73526.56	花画工艺品制造	791.16
文艺创作与表演	40943.68	天然植物纤维编织工艺品制造	2891.14
群众文体活动	13971.30	抽纱刺绣工艺品制造	39238.55
其他文化艺术业	18611.58	地毯、挂毯制造	1.13
数字内容服务	31400.32	珠宝首饰及有关物品制造	11993.38
动漫、游戏数字内容服务	2864.71	其他工艺美术及礼仪用品制造	21186.64
互联网游戏服务	5075.74	艺术陶瓷制造	3950.78
多媒体、游戏动漫和数字出版软件开发	21007.61	陈设艺术陶瓷制造	3774.72
增值电信文化服务	1094.12	园艺陶瓷制造	176.06
其他文化数字内容服务	1358.14	——	——

资料来源：《2017 年贵州文化产业发展统计公报》。

7. 新闻信息服务

2017 年，全省新闻信息服务行业完成增加值 17.32 亿元、占全省文化产业增加值的 5.3%。其中报纸信息服务和广播电视信息服务分别实现增加值 7.14 亿元和 5.38 亿元，两者合计占新闻信息服务行业增加值的 72.24%；新闻服务和互联网信息服务分别实现增加值 2.12 亿元和 2.69 亿元，分别占新闻信息服务行业增加值的 12.25% 和 15.51%（见表 9）。

表 9　2017 年全省新闻信息服务行业增加值情况

指标名称	增加值 （万元）	指标名称	增加值 （万元）
新闻服务	21227.98	广播电视信息服务	53771.12
新闻业	21227.98	广播	8159.44

续表

指标名称	增加值 （万元）	指标名称	增加值 （万元）
报纸信息服务	71372.59	电视	45269.89
报纸出版	71372.59	广播电视集成播控	341.79
互联网信息服务	26863.37	—	—
互联网搜索服务	2816.31	—	—
互联网其他信息服务	24047.06	—	—

资料来源：《2017年贵州文化产业发展统计公报》。

8. 文化装备生产

2017年，全省文化装备生产行业完成增加值6.19亿元、占全省文化产业增加值的1.9%。其中演艺设备制造及销售和乐器制造及销售分别实现增加值2.13亿元和3.25亿元，两者合计占文化装备生产行业增加值的86.79%；西乐器制造2.49亿元，占乐器制造及销售行业增加值的76.53%（见表10）。作为乐器制造及销售行业最具典型贵州正安县，2018年拥有吉他生产及其配套企业54家，全年生产吉他600余万把、产值达60亿元，解决就业13768人，带动6640人脱贫，获得"中国吉他制造之乡"的美誉。

表10 2017年全省文化装备生产行业增加值情况

指标名称	增加值 （万元）	指标名称	增加值 （万元）
印刷设备制造	127.58	演艺设备制造及销售	21287.86
印刷专用设备制造	0	舞台及场地用灯制造	21287.86
复印和胶印设备制造	127.58	舞台照明设备批发	0
广播电视电影设备制造及销售	6893.24	游乐游艺设备制造	16.53
广播电视节目制作及 发射设备制造	0	露天游乐场所游乐设备制造	0

指标名称	增加值（万元）	指标名称	增加值（万元）
广播电视接收设备制造	3477.65	游艺用品及室内游艺器材制造	1.54
广播电视专用配件制造	0	其他娱乐用品制造	14.99
专业音响设备制造	3730.69	乐器制造及销售	32478.65
应用电视设备及其他广播电视设备制造	0	中乐器制造	119.27
广播影视设备批发	−315.10	西乐器制造	24856.43
电影机械制造	0	电子乐器制造	0
摄录设备制造及销售	1144.17	其他乐器及零件制造	6.31
影视录放设备制造	763.89	乐器批发	5578.32
娱乐用智能无人飞行器制造	0	乐器零售	1918.32
幻灯及投影设备制造	0	—	—
照相机及器材制造	0	—	—
照相器材零售	380.28	—	—

资料来源：《2017 年贵州文化产业发展统计公报》。

9. 文化投资运营

2017 年，全省文化投资运营行业完成增加值 0.23 亿元、占全省文化产业增加值的 0.1%。其中投资与资产管理和运营管理分别实现增加值 0.19 亿元和 0.04 亿元，分别占文化投资运营行业增加值的 83.07% 和 16.93%（见表 11）。作为全省文化投资与资产管理行业重点企业的贵州省文化产业投资管理有限公司，系贵州广电传媒集团旗下国有控股企业，经省政府授权管理贵州省文化产业发展基金，代表政府履行"出资人"的职责，对基金中的政府出资进行监管，公司成立于 2013 年 1 月 23 日，2015 年 3 月正式加入中国证券投资基金业协会，2016 年通过证监会场检，2017 年获取第三方基金销售牌照，截至 2018 年底，公司共管理贵州省文化产业发展基金、贵州中云版权投资基金、贵州省文康朴素医药健康创业投资基金、遵义铁路发展股权投资基金、贵州文旅股权投资基金、贵阳中云版权产业基金、贵州省文泰连锁创业投资基金 7 只基金，基金管理规模接近 60 亿元，还拥有控股基金销售公司 1 家、控股私募基金管理公司 1 家、其他占股公司 4 家。2018 年全省文化产业新增黔南平塘园际天文科普旅游文化园、铜仁万山朱砂古镇、道真·中国傩城、贵阳日报传媒集团经营有限公司、安顺天地屯堡演艺基地、多彩贵州网有限责任公司、贵阳修文阳明文化园、册亨县雲娇布依特色织染刺绣公司、遵义市演艺集团有限公司等 10 家省级文化产业示范基地，至此全省省级文化产业示范基地达到 63 家。

表 11 2017 年全省文化投资运营行业增加值情况

指标名称	增加值（万元）	指标名称	增加值（万元）
运营管理	384.47	投资与资产管理	1886.37
文化企业总部管理	0	文化投资与资产管理	1886.37
文化产业园区管理	384.47	——	——

资料来源：《2017 年贵州文化产业发展统计公报》。

二、存在的问题

近年来，贵州文化产业发展虽然取得了不错的成绩，发展速度不断加快，产业增加值不断提高，但随着国内经济发展放缓，贵州省文化产业发展仍然面临一些困难和问题。

（一）文化产业增加值总量小，要素投入不足

文化产业作为重要的经济组成部分，在经济发展过程中起着重要

的作用。2017 年，贵州省国内生产总值 1.35 万亿元。其中，第一产业增加值 2020.78 亿元、第二产业增加值 5439.63 亿元、第三产业增加值 6080.42 亿元。文化产业增加值只有 324 亿元，仅占 GDP 总量的 2.39%。占第一产业生产总值的 16.3%、占第二产业生产总值的 5.96%、占第三产业生产总值的 5.33%。与西部地区相比，仅占西部地区文化产业增加值的 6.2%。从产业增加值的总量来看，贵州省文化产业增加值总量小，难以形成地方支柱产业。要素投入不足一方面表现在投资规模不足，另一方面体现在文化产品技术投入不足。当前，贵州文化产业投资项目规模小，利用外资水平不高，缺乏大项目支撑。投入主体多为地方民间投资和个体工商户投资。从文化产业固定资产投资来看，民营文化企业与个体工商户投资占比接近 90%。从文化产品科技含量来看，传统文化的改造和创新能力不足，文化产业未能融入现代科技的发展，产品科技含量低，数字化水平不够，文化产业附加值不高。

（二）产业融合度不高

近年来，贵州文化产业发展步伐不断加快，从行业内部来看，贵州文化产业发展最快的是传统旅游产业，主要依靠的是贵州的生态环境条件及民族文化和红色文化资源优势，加上对贵州旅游文化的大力宣传。文化产业发展融合度不高，文化产品单一，科技含量低，缺乏文化产业与其他产业的融合开发。文化消费以初级消费为主，传统文化产业消费占比较大。文化产业创新不足，缺乏文化创意。目前，贵州还未找到文化产业与其他产业相互融合发展的长效机制，融合性开发和专业性开发还处于初级阶段。

（三）发展不平衡、不充分

发展不平衡一方面体现在地区之间文化产业发展不平衡，另一方面体现在各民族之间文化产业发展不平衡。2017 年，文化产业增加值占 GDP 比重达到目标值 4% 的县（市、区）有 24 个，占 27.27%；3%~4% 的县（市、区）有 24 个，占 27.27%；2%~3% 的县（市、区）有 19 个，占 21.59%；1%~2% 的县（市、区）有 18 个，占 20.45%；1% 以下的有 3 个，占 3.4%。从 3 个民族地州来看，黔西南州文化产业增加值占 GDP 的 4.5%，黔东南和黔西南州分别占 2.67% 和 2.35%。发展不充分主要体现在居民人均文化消费水平还比较低，相比较于西部地区的内蒙古、四川、重庆等地，贵州还有很大的差距。2017 年内蒙古居民人均文化娱乐消费支出 925 元，排名第一；重庆 768 元，排名第二；四川 716 元，排名第三；贵州 554 元，排名第八。四川居民人均文化娱乐消费支出增速 14.40%，排名第一；重庆 12.71%，排名第二。贵州省 2017 年人均文化娱乐消费支出增速 6.64%，在西部省份中排名第七位。

（四）人力资源开发不足

人力资源短缺是制约贵州文化产业发展的关键因素，截至 2017 年底，贵州省文化产业从业人员 41.71 万人，从业人员中高级管理人才和技术开发人才资源极短缺。从事低技术开发和传统生产的人员比重大，人员结构不合理是制约文化产业市场化发展的重要因素，与现代文化产业发展极不相符。贵州文化产业不仅缺乏具有创造力的艺术家，而且缺乏一批专门经营文化产业的人才。在民族文化产业发展方面，由于民族文化传承人才缺乏，无法结合现代技术对传统民族文化进行改进和创新，无法适应现代市场发展的需求，导致民族文化产业发展举步维艰。由于一些传统的民族文化产品不适应现代市场的需求，很多年轻人不愿意传承和继续发展传统的民族文化产业，导致民族文化传承开发人才极度缺乏。在文化产业人才开发力度上，虽然每年投入大量经费培养本土文化产业人才，但相对于其他产业的发展，文化产业的人才资源开发投入仍然不足。

三、与西部地区发展比较

（一）文化及相关产业增加值

文化及相关产业增加值是衡量一个地区文化产业发展的重要指标之一。近年来，贵州文化产业保持较快发展，文化及相关产业增加值保持高速增长的势头，2017 年贵州省文化产业及相关产业的增加值为 324 亿元，占全省 GDP 的 2.39%，文化及相关产业增加值的增速为 13.56%。与西部地区相比，2017 年西部地区文化产业及相关产业增加值 5220.5 亿元，增长速度 10.94%，贵州文化及相关产业的增速比西部地区高出 2.62 个百分点。但从总量来看，贵州文化及相关产业增加值在西部地区总量比较小，只有西部地区的 6.2%。

在西部各省份中，从文化及相关产业增加值来看（见表 12），2017 年，四川文化及相关产业增加值 1537.5 亿元，在西部省份排名第一；陕西 911.1 亿元，排名第二；重庆 596.9 亿元，排名第三；云南 517.4 亿元，排名第四；广西 480 亿元，排名第五；内蒙古 378.1 亿元，排名第六；贵州 324 亿元，排名第七；甘肃 163.6 亿元，排名第八；新疆 147.7 亿元，排名第九；宁夏 81.5 亿元，排名第十；青海 44.6 亿元，排名第十一；西藏 38.1 亿元，排名第十二。贵州省文化及相关产业增加值处在西部各省份的中间位置。从文化及相关产业增长速度来看，2017 年，四川文化产业增加值增速 16.14%，在西部省份中排名第一；新疆 15.48%，排名第二；云南 14.07%，排名第三；贵州 13.56%，排名第四；陕西 13.53%，排名第五；甘肃 12.05%，排名第六；宁夏 9.54%，排名第七；内蒙古 8%，排名第八；广西 6.88%，排名第九；西藏 4.96%，排名第十；重庆 0.71%，排名第十一；青海-30.09%，排名第十二。贵州省文化及相关产业增加值增速位于西部省份的中等偏上位置。

表12　西部地区文化及相关产业增加值情况

地区	增加值（亿元）	2016年占GDP比重（%）	增加值（亿元）	2017年占GDP比重（%）	增加值增长速度（%）
西部地区	4705.5	—	5220.5	—	10.94
贵州	285.3	2.42	324	2.39	13.56
云南	453.6	3.07	517.4	3.16	14.07
四川	1323.8	4.02	1537.5	4.16	16.14
重庆	592.7	3.34	596.9	3.07	0.71
广西	449.1	2.45	480	2.59	6.88
西藏	36.3	3.16	38.1	2.91	4.96
陕西	802.5	4.14	911.1	4.16	13.53
甘肃	146	2.03	163.6	2.19	12.05
宁夏	74.4	2.35	81.5	2.37	9.54
内蒙古	350.1	1.93	378.1	2.54	8.00
新疆	127.9	1.32	147.7	1.36	15.48
青海	63.8	2.48	44.6	1.7	-30.09

资料来源：《中国文化产业及相关产业统计年鉴》（2017~2018）。

总体来看，贵州省文化及相关产业增加值与西部地区相比，总量仍然偏小，但从增长速度看，位于中高速增长区间。

（二）文化产业及相关产业固定资产投资

地区文化及相关产业固定资产投资是促进地区文化及相关产业发展的重要指标。近年来，贵州不断加大文化及相关产业的固定资产投资，加快推动贵州文化产业发展。2017年贵州文化产业及相关产业的固定资产投资1034.19亿元，增速16.65%。2017年，西部地区文化产业及相关产业的固定资产投资 10469.99 亿元，增速 23.75%。贵州文化产业及相关产业的固定资产投资占西部地区的 7.66%，增速比西部地区低 7.09 个百分点。

如表 13 所示，在西部地区各省份中，2017 年重庆文化产业及相关产业的固定资产投资 1962.05 亿元，排名第一；陕西 1776.7 亿元，排名第二；四川 1703.32 亿元，排名第三；广西 1292.34 亿元，排名第四；贵州 1034.19 亿元，排名第五；云南 801.91 亿元，排名第六；内蒙古 672.3 亿元，排名第七；新疆 563.81 亿元，排名第八；甘肃 267.39 亿元，排名第九；宁夏 217.84 亿元，排名第十；青海 134.96 亿元，排名第十一；西藏 43.18 亿元，排名第十二。贵州省文化产业及相关产业的固定资产投资在西部省份中处于中等位置。

表 13 西部地区文化产业及相关产业固定资产投资情况

单位：亿元

地区	2013 年	2014 年	2015 年	2016 年	2017 年
西部地区	3368.17	4860.15	6387.8	8460.65	10469.99
贵州	106.39	220.54	520.81	886.55	1034.19
云南	271.17	370.43	453.67	474.07	801.91
四川	670.88	807.07	938.73	1256.85	1703.32
重庆	413.2	759.3	1187.33	1724.59	1962.05
广西	539.81	710.97	896.33	1030.37	1292.34
西藏	63.92	51.01	108.92	42.34	43.18
陕西	559.17	814.83	944.26	1464.15	1776.7
甘肃	235.83	274.78	385.02	520.4	267.39
宁夏	33.52	55.02	119.1	140.95	217.84
内蒙古	294.77	560.85	402.8	505.02	672.3
新疆	116.62	169.24	307.32	295.97	563.81
青海	62.89	66.11	123.51	119.39	134.96

资料来源：《中国文化产业及相关产业统计年鉴》（2018）。

总体来看，与西部地区文化产业及相关产业的固定资产投资增速相比，贵州省发展速度偏慢。从文化产业及相关产业的固定资产投资额度来看，在西部各省份中，贵州处于中等位置。

（三）居民人均文化娱乐消费支出

居民人均文化娱乐消费支出是体现文化产业发展的重要指标。2013年以来，贵州省居民人均文化娱乐消费支出逐年增长，2017年贵州省居民人均文化娱乐消费支出554元。其中，内蒙古居民人均文化娱乐消费支出925元，排名第一；重庆768元，排名第二；四川716元，排名第三；青海675元，排名第四；陕西670元，排名第五；宁夏644元，排名第六；云南585元，排名第七；贵州554元，排名第八；甘肃520元，排名第九；新疆487元，排名第十；广西452元，排名第十一；西藏157元，排名第十二（见图3）。从居民人均消费支出增速来看，2017年四川居民人均文化娱乐消费支出增速14.40%，排名第一；重庆12.71%，排名第二。贵州省2017年人均文化娱乐消费支出增速6.64%，在西部省份中排名第七位。其中，宁夏、陕西、新疆呈现负增长，新疆增长最慢，增速只有-7.71%。

总体来看，贵州省居民人均文化娱乐消费支出在西部省份中位于中等水平。贵州文化产业消费发展呈现稳定增长的发展态势（见图3）。

四、发展环境分析

（一）消费转型升级带来发展机遇

近年来，随着经济快速发展，城乡居民收入快速提高，推动消费能力大幅提升，城乡居民生活追求从解决温饱阶段逐步迈向追求生活品质阶段，在消费侧体现为新时期人们对美好生活需要日益增长，对

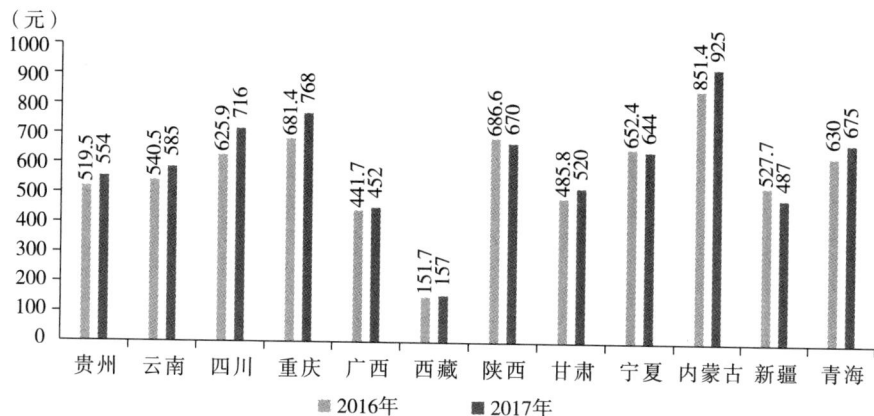

图3　西部地区居民人均文化娱乐消费支出情况

资料来源：《中国文化产业及相关产业统计年鉴》（2018）。

休闲、体验、教育培训、康体养生、动漫娱乐等文化产业领域的产品需求大幅增加。因此，文化产业领域产品的功能特征顺应了消费需求这种重大转变，文化产业产品需求将大幅增加。

（二）供给侧结构性改革发展带来机遇

当前，尽管我国在各领域的生产能力显著提升，但总体来看，粗放型产品较多，高品质特色化实用型的产品占比不高，与消费者需求存在一定程度的不相适应，导致我国出境游客疯狂购物的情况出现，同时出现需求旺盛与有效供给不足并存的情况，国家提出供给侧结构性改革，要着力增加有效供给，文化产业领域众多产品正契合不断升级的消费需求，是引领供给侧结构性改革的重要力量，是国家、省重点支持的产业。因此，文化产业发展将得到供给侧结构性改革各项优惠政策支持。

（三）产业融合发展带来的机遇

产业融合发展是提升产业效益的重要举措。当前，国家着力推进产业融合发展，结合贵州文化产业发展的实际来看，在文化旅游业方面，由于强调体验性、参与性成为一种趋势，农业被拓展为具有体验、观光等功能，民族文化、历史文化等也成为旅游业的重要组成部分，农文旅一体化融合发展为全省文化旅游业加快发展奠定了坚实基础。以互联网、大数据、人工智能、VR（虚拟现实）和 AR（增强现实）技术等为代表的新一代信息技术的应用，尤其贵州在大数据发展方面的优势，加快推动了文化产品和服务的生产、传播及消费的数字化、网络化进程，同时也提升了研发、设计、创意、信息制造等发展水平，不断催生出的新型业态，为文化产业发展带来机遇。

贵州文化产业发展主要面临以下两个方面的挑战：一是融资难。文化产业具有金融化的生产方式特征，尤其文化传播渠道、创意设计服务、文化辅助生产和中介服务、内容创作生产等需要较大的投资，但是由于文化产业投资周期较长、风险较大，且受现在金融机构融资担保抵押物规定的限制，文化企业可以用于担保融资的东西较少，文化企业融资难。二是文化原创能力不强。因文化原创能力不强，丰富深厚的文化资源优势还没有很好地转化为文化经济优势，产品形式形态单一，还多停留在传统形式上，与数字技术、现代精神、审美意味、载体样态等方面的新要求还不能很好地匹配，精品化、特色化产品不多，文化产业的竞争力不强。

五、发展趋势分析

文化产业总产值和增加值是体现文化产业整体发展的重要指标，近年来，贵州文化产业总产值与增加值一直都保持高速增长，贵州文化产业的发展速度不断加快。截至 2017 年底，文化产业总产值达到 883.43 亿元，文化产业增加值达到 324.03 亿元，比 2016 年增长 13.58%（见表 14），占全省 GDP 的 2.4%。文化产业总产值和增加值作为衡量文化产业发展的重要指标，对文化产业总产值和增加值进行预测，有助于了解和分析贵州文化产业发展运行规律和发展趋势。

表 14　2014~2017 年贵州省文化产业增加值与增长情况

年份	文化产业总产出（亿元）	文化产业增加值（亿元）	增加值增长速度（%）
2014	437.61	171.04	
2015	647.33	241.57	41.24
2016	786.63	285.29	18.10
2017	883.43	324.03	13.58

资料来源：《贵州文化产业统计监测报告》（2017）。

根据表 14 建立贵州省文化产业总产值的灰色预测模型 GM（1，1），有助于进一步预测和分析 2019 年贵州省文化产业总产值的发展趋势。

（一）GM（1，1）模型构建

设 $X^{(0)}$=（$X^{(0)}$（1），$X^{(0)}$（2），…，$X^{(0)}$（n）），做 1-AGO，得 $X^{(1)}$=（$X^{(1)}$（1），$X^{(1)}$（2），…，$X^{(1)}$（n））= $X^{(1)}$（1），$X^{(1)}$（1）+$X^{(0)}$（2），…，$X^{(1)}$（n-1）+$X^{(0)}$（n），则 GM（1，1）模型的灰色微分方程为：

$$\frac{d\,X^{(1)}}{dt}+a\,X^{(1)}=u \tag{1}$$

其中，u 为内生控制灰数，a 为发展灰色作用量。设 $\hat{\alpha}$=（a，u）^{T}，按最小二乘法得到式（2）：

$$\hat{\alpha}=(B^T B)^{-1}B^T Y_1 \tag{2}$$

其中：

$$Y_1 = \begin{pmatrix} X^{(0)}(2) \\ X^{(0)}(3) \\ \vdots \\ X^{(0)}(n) \end{pmatrix}, \quad B = \begin{pmatrix} -\frac{1}{2}(X^{(1)}(1) + X^{(1)}(2))1 \\ -\frac{1}{2}(X^{(1)}(2) + X^{(1)}(3))1 \\ \vdots \\ -\frac{1}{2}(X^{(1)}(n-1) + X^{(1)}(n))1 \end{pmatrix}$$

求得，式（1）的解为式（3）：

$$\hat{X}^{(1)}(k+1) = \left(X^{(0)}(1) - \frac{u}{a} \right) e^{-ak} + \frac{u}{a}, \quad k = 1, 2, \cdots, n \quad (3)$$

（二）文化产业总产值预测分析

把文化产业总产值代入 GM（1，1）模型，令 $X^{(0)} = (X^{(0)}(1),$ $X^{(0)}(2), \cdots, X^{(0)}(4)) = \{437.61, 647.33, 786.63, 883.43\}$，构造矩阵 B 和数据向量 Y_1，如式（4）所示。

$$Y_1 = \begin{pmatrix} X^{(0)}(2) \\ X^{(0)}(3) \\ X^{(0)}(4) \end{pmatrix} = \begin{pmatrix} 647.33 \\ 786.63 \\ 883.43 \end{pmatrix}, \quad B = \begin{pmatrix} -\frac{1}{2}(X^{(1)}(1) + X^{(1)}(2)) & 1 \\ -\frac{1}{2}(X^{(1)}(2) + X^{(1)}(3)) & 1 \\ -\frac{1}{2}(X^{(1)}(3) + X^{(1)}(4)) & 1 \end{pmatrix} =$$

$$\begin{pmatrix} -761.275 & 1 \\ -1478.255 & 1 \\ -2313.285 & 1 \end{pmatrix} \quad (4)$$

计算微分方程的参数如式（5）、式（6）、式（7）、式（8）所示：

$$B^T B = \begin{pmatrix} 8116065 & -4552.82 \\ -4552.82 & 3 \end{pmatrix} \quad (5)$$

$$(B^TB)^{-1} = \begin{pmatrix} 8.28713E-07 & 0.001258 \\ 0.001257659 & 2.241963 \end{pmatrix} \qquad (6)$$

$$B^TY_1 = \begin{Bmatrix} -3699261.2 \\ 2317.39 \end{Bmatrix} \qquad (7)$$

$$\hat{\alpha} = (B^TB)^{-1}B^TY_1 = \begin{Bmatrix} -0.1511395 \\ 543.093214 \end{Bmatrix} \qquad (8)$$

即 $\begin{cases} a = -0.1511395 \\ u = 543.093214 \end{cases}$ ，预测模型为：$\dfrac{dX^{(1)}}{dt} - 0.1511395X^{(1)} = 543.093214$

$$X^{(0)}(1) = 437.61, \quad \frac{u}{a} = -3593.32$$

$$X^{(0)}(1) - \frac{u}{a} = 4030.934, \quad \hat{X}^{(1)}(k+1) = \left(X^{(0)}(1) - \frac{u}{a}\right)e^{-ak} + \frac{u}{a}$$

$$X^{(1)}(k+1) = 4030.934 \times e^{0.1511395k} - 3593.32$$

1. 关联度检验

通过计算可得式（9）：

$$\Delta^{(0)} = \{0.004 \quad 10.35 \quad 21.64 \quad 6.37\}$$

$$\min\{\Delta k\} = 0.004, \quad \max\{\Delta k\} = 21.64$$

$$\xi(1) = 1, \ \xi(2) = 0.3336, \ \xi(3) = 0.5123, \ \xi(4) = 0.6297$$

$$r = \frac{1}{4}(1 + 0.3336 + 0.5123 + 0.6297) = 0.6189 \qquad (9)$$

$r = 0.6189$，满足 $\rho = 0.5$ 时，$r > 6$。因此，关联度检验达到满意的结果，通过关联度检验。

2. 后验差检验

$$\overline{X^{(0)}} = \frac{1}{4}(437.61 + 647.33 + 786.63 + 883.43) = \frac{2755}{4} = 688.75$$

$$S_1 = \sqrt{\frac{\sum[X^{(0)}(i) - \overline{X^{(0)}}]^2}{n-1}} = \sqrt{\frac{\sum[X^{(0)}(i) - 688.75]^2}{4-1}} = 193.4491$$

残差均值如式（10）所示：

$$\bar{\Delta} = \frac{1}{4}\ (0.004+10.35+21.64+6.37)\ =9.591 \qquad (10)$$

残差的标准差如式（11）、式（12）、式（13）、式（14）所示：

$$S_2 = \sqrt{\frac{\sum\ \left[\Delta^{(0)}(i) - \bar{\Delta}^{(0)}\right]^2}{n-1}} = \sqrt{\frac{\sum\ \left[\Delta^{(0)}(i)-9.591\right]^2}{3}} = 9.092853$$

$$(11)$$

$$C = \frac{S_2}{S_1} = \frac{9.092853}{193.4491} = 0.047004 \qquad (12)$$

$$S_0 = 0.6745\ S_1 = 0.6745 \times 193.4491 = 130.4814 \qquad (13)$$

$$e_i = |\Delta^{(0)}(i) - \bar{\Delta}^{(0)}| = \{9.587, 0.759, 12.049, 3.221\}$$

$$(14)$$

所有的 e_i 都小于 S_0，因此 $P=1$，$C<0.35$，所以，后验差检验通过。

3. 残差检验

计算 $X^{(1)}(1) = 437.614$，$X^{(1)}(2) = 1095.297$，$X^{(1)}(3) = 1860.286$，$X^{(1)}(4) = 2750.091$。

累减生成序列：$\widehat{X}^{(0)}(1) = 437.614$，$\widehat{X}^{(0)}(2) = 657.6828$，$\widehat{X}^{(0)}(3) = 764.9896$，$\widehat{X}^{(0)}(4) = 889.8045$。

绝对误差及相对误差序列为：

$$\Delta^{(0)} = \{0.004 \quad 10.35279 \quad 21.6404 \quad 6.374458\}$$

$$\phi = \{0.001\% \quad 1.599\% \quad 2.751\% \quad 0.722\%\}$$

相对误差较小，模型可用于贵州文化产业总产值发展趋势预测分析。通过上述对 2014~2017 年贵州文化产业总产值的灰色预测模型校验，对 2019 年贵州文化产业总产值进行预测。到 2019 年文化产业总产值将达到 1203.851 亿元，预测结果如表 15 所示。贵州文化产业总产值发展趋势如图 4 所示。

表 15　贵州文化产业总产值发展趋势　　　　单位：亿元

年份	2014	2015	2016	2017	2018	2019
总产值	437.61	647.33	786.63	883.43	—	—
预测值	437.614	657.6828	764.9896	889.8045	1034.984	1203.851

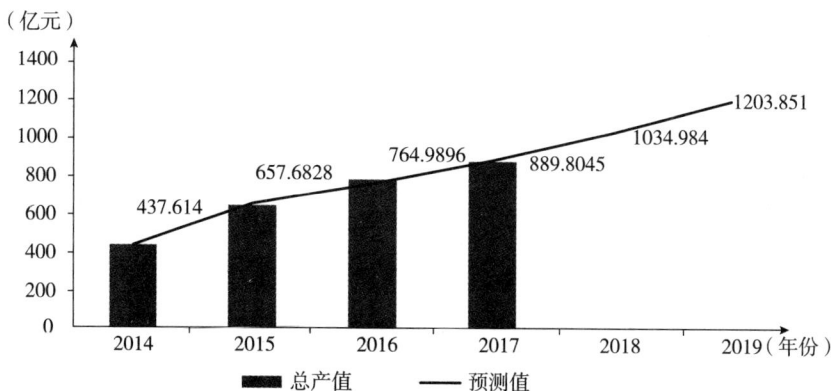

图 4　贵州文化产业总产值发展趋势

（三）文化产业增加值预测分析

通过 GM（1，1）模型构建，得出文化产业增加值的预测模型见式（15）、式（16）：

$$\frac{d\,X^{(1)}}{dt} - 0.144686944\,X^{(1)} = 201.3033701 \qquad (15)$$

$$\widehat{X}^{(1)}(k+1) = \left(X^{(0)}(1) - \frac{u}{a}\right)e^{-ak} + \frac{u}{a}$$

$$X^{(1)}(k+1) = 1562.342937 \times e^{0.144686944k} - 1391.3 \qquad (16)$$

通过关联度检验，$r = 0.597473 \approx 0.6$，基本满足 $\rho = 0.5$ 时，$r = 6$。因此，关联度检验基本达到要求。

通过后验差检验可得式（17）：

$$C = \frac{S_2}{S_1} = 0.02773283$$

$$S_0 = 0.6745 \ S_1 = 0.6745 \times 65.6032 = 44.2493596$$

$$e_i = \mid \Delta^{(0)}(i) - \overline{\Delta}^{(0)} \mid = \{1.666, \ 0.016, \ 2.535, \ 0.853\} \quad (17)$$

所有的e_i都小于S_0，因此 P = 1，C < 0.35，所以，后验差检验满足要求。

通过残差检验，绝对误差及相对误差序列为：

$$\Delta^{(0)} = \{0.003 \quad 1.652 \quad 4.204 \quad 0.815\}$$

$$\phi = \{0.0017\% \quad 0.6839\% \quad 1.4735\% \quad 0.2516\%\}$$

相对误差较小，模型可用于对贵州文化产业增加值增长趋势进行预测分析。通过上述对 2014～2017 年贵州文化产业增加值的预测分析，到 2019 年贵州文化产业增加值将达到 433.86 亿元，预测结果如表 16 所示。贵州文化产业增加值的发展趋势如图 5 所示。

表 16　贵州文化产业增加值发展趋势　　　　单位：亿元

年份	2014	2015	2016	2017	2018	2019
增加值	171.04	241.57	285.29	324.03	—	—
预测值	171.04	243.22	281.09	324.85	375.42	433.86

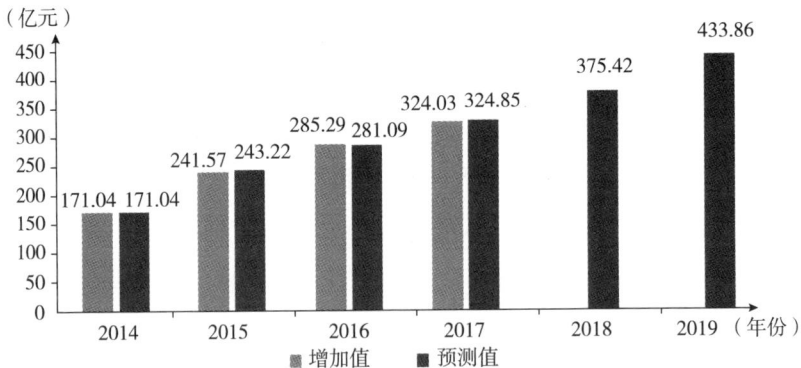

图 5　贵州文化产业增加值发展趋势

从上述预测结果来看，贵州省文化产业整体保持平稳的发展趋势，文化产业总产值和增加值保持稳定增长，到 2019 年底，贵州省文化及相关产业总产值预计达到 1203.85 亿元，文化产业及相关产业增加值预计达到 433.86 亿元。

六、对策及建议

（一）要着力引进培育优质文化产业发展主体，加快推进文化产业发展上规模

当前，贵州文化产业规模不大的问题，归根结底是由于优质企业发展主体的缺乏，因此要着力引进培育优质文化产业发展主体，着力做大文化产业规模。一方面，要结合文化产品消费需求导向，围绕文化产业领域供给侧改革，着力引进优质的文化企业，增加文化产品有效供给，提升文化产业发展效益；另一方面，根据产业关联性，推进现有文化企业的优化重组，着力培育打造具有引领性的、实力雄厚的文化龙头企业，推动全产业链发展。

（二）要着力运用新理念、新技术推进文化产业融合发展

当前，经济社会发展进入新时代，要用新理念指导、新技术推进贵州文化产业多层次融合发展。要继续发挥贵州旅游业的优势，拓展农业、工业功能，加快推进农旅、工旅结合，深入推进"旅游+农业+工业+文化"发展，实现农文旅一体化融合发展，推进全省旅游业升级融合发展。要充分推进以数字技术、区块链技术、智能技术、大数据技术、VR、AR、MR 技术为重点的高新技术在文化生产中的运用，推动商业模式创新、产品形态创新、组织形态创新融合发展，供给更多内涵丰富的多样化、个性化、特色化产品，满足人们高品质生活的

美好需要。

（三）要着力加强文化产业发展的智力支撑

文化产业的发展越来越体现高智力投入型特点，且智力要素在文化产业发展中的作用愈加具有决定性，不管是产品生产方面的设计研发创意投入，还是企业市场拓展、品牌运营等方面管理要素投入，都亟须高层次人才支撑。结合贵州的实际情况来看，原创性研发设计、高水平管理运营方面的人才尤为不足，要着力加强全省文化产业发展人才支撑，在全省高层次人才引进中，在企业人才招聘中，要通过股权激励、职称支持等举措，优先引进有实际研发设计、有大企业运营经验的引领型高层次人才。同时，要不断完善创业创新环境，最大限度地激发创新活力，不拘一格地发现并任用文化产业创新人才，筑牢人才基础。多渠道、多层次补齐文化产业人才短板，助推全省文化产业转型升级发展。

（四）要着力推进文化产业精品化、特色化提质发展

尽管近年来贵州文化产业发展取得较为明显的成效，但同质化竞争仍较为普遍，要结合供给侧结构性改革，推进文化产业精品化、特色化提质发展，要深入挖掘民族文化、历史文化内涵，做到民族文化、地域文化与现代艺术表达方式相结合，生产既"叫好"又"叫座"的文化产品。要处理好现有传统业态与新兴业态的关系，传统业态生产要发扬工匠精神，推进高品质生产，新兴业态要细分消费市场，突出精、特、新，适应消费者多元化需求。

文化旅游篇
Cultural Tourism Report

贵州省文化旅游产业发展报告

王 前*

摘 要：2018 年，贵州省旅游产业发展迅猛，综合收入近万亿元，文化与旅游融合发展呈现新气象，已建成 14 个文化旅游融合发展类型的文化产业园区（基地）、26 个文化旅游集聚区，文化旅游产业发展平台进一步夯实，文化旅游产业发展进一步壮大，但仍存在融合深度浅、宽度不广、文化旅游产业创意人才极为匮乏等主要问题。2019 年，在发展文化旅游产业上要紧紧抓住国家与省实施一系列相关重大战略机遇，围绕建设文化强省目标，加快重大项目建设，加大创新型、领军型、高层次复合型人才引进力度，推动文化与旅游在深度、宽度融合方面发展，促进文化旅游产业发展壮大。

关键词：文化；旅游；融合；发展

一、文化旅游产业发展现状及特点

（一）文化与旅游融合发展呈现新气象

省委、省政府及相关部门高度重视文化与旅游融合发展，以建设国家文化旅游发展创新区为契机，在深入实施《贵州省文化旅游发展

---

　* 王前，贵州省社会科学院区域经济研究所副研究员。主要研究方向为区域经济、产业经济。

创新区规划》的基础上，又编制出台了《贵州省全域山地旅游发展规划（2017-2025 年）》《贵州省温泉产业发展规划（2017-2025 年）》《千里乌江休闲度假旅游带规划》《贵州省世界名酒文化旅游产业带规划》《贵州省苗疆走廊旅游发展规划》《贵州山地旅游开发利用导则》等加强文化与旅游融合发展的一系列重大规划。近年来，贵州省充分利用丰富的民族文化、红色文化、山地文化、生态文化、阳明文化等独特资源，加强与旅游融合发展，强力实施"旅游+文化"行动，以建设运营"十大文化产业园""十大文化产业基地"和"十三五""4 个 10"省重点文化产业项目为重点，加快建设多彩贵州大舞台演艺、"泉城五韵"乡村民族文化旅游度假区、花溪青岩古镇文化旅游创新区等 30 个文旅融合工程，出台推动文化旅游融合发展的指导性意见，推动梵净山、花溪等有条件的地区建设文化旅游发展创新区，加快建成一批文化与旅游融合发展的文化产业示范基地。充分发掘长征文化、抗战文化等红色旅游资源，全方位提升和凸显"伟人足迹""长征之旅"和"抗战文化"三大红色旅游主题产品，加快完善提升遵义会议会址、四渡赤水、王若飞故居、黎平会议旧址、息烽集中营旧址等红色文化旅游景区，进一步推进贵州全国性红色旅游工作会议（永久会址）、全国性红色旅游教育基地等旅游项目建设，不断丰富红色旅游发展内容，提升旅游景区整体吸引力和体验性，将贵州省建设成为全国红色旅游胜地和热点地区。积极推动红色旅游与观光旅游、文化旅游、乡村旅游、休闲度假旅游等其他旅游产品相结合，形成形式多样的复合型红色旅游产品。提升遵义会议会址、四渡赤水、黎平会议旧址等一批国家级红色旅游经典景区功能，推动形成"一核、三线、多点"的红色旅游发展布局。

积极开发阳明文化、屯堡文化、夜郎文化等文化旅游新业态，依托文化遗产和历史文化名城、名镇、名村及街区，在保护的前提下合理发展历史文化旅游，做好遵义海龙囤世界文化遗产，镇远、织金、石阡、福泉历史文化名城，贵阳青岩、安顺旧州、平坝天龙、赤水丙安、大同、习水土城、黄平旧州历史文化名镇，锦屏隆里、黎平肇兴历史文化名村，黔西水西古城、威宁乌撒古城等为代表的古镇观光与历史文化体验旅游。充分挖掘佛教文化内涵，以梵净山、弘福寺、青岩护国寺、惠水九龙寺等载体发展宗教旅游。推进工业与旅游结合，依托贵州茅台酒厂、乌江梯级电站、龙里贵州苗医药工业园等工业企业，建设一批全国性工业旅游示范点，围绕"三线"企业旧址大力发展军工文化旅游，贵州三线建设博物馆、袁锦道工业文化遗址、清溪铁厂、万山汞矿遗址，积极建设工业遗产文化创意基地。大力推进文化旅游创意创新，重点培育多彩贵州文化创意园、多彩贵州城、孔学堂文化旅游区、贵州文化广场、茅台国酒文化旅游区、贵阳阳明文化产业园、中国（遵义）长征文化博览园等文化创意产业基地。鼓励将文化创意元素渗透到传统旅游产品中，丰富旅游产品的内容。继续办好各地的专题博物馆，打造一批全息民族文化博物馆、3D民族主题影视剧、民族主题游戏等文化旅游创意体验产品。大力发展旅游演艺、文化主题公园、文化主题酒店、科技文化创意游乐园等新型业态，建成一批文化旅游融合发展的文化产业园区（基地）与文化旅游集聚区，文化与旅游融合发展逐步向深度融合。

（二）文化旅游产业发展平台进一步夯实

近年来，贵州省依托文化资源禀赋，挖掘延伸提炼山水文化、民族文化、红色文化、阳明文化等资源优势，着力文化旅游产业发展平台壮大建设。目前建成中国（遵义）长征文化博览园、毕节大方古彝文化产业园等21个园区（基地）。其中，民族文化、阳明文化、长征文化、多彩贵州城、屯堡文化等与旅游融合发展文化产业园区、基地多达14个。截至2018年12月底，已认定并挂牌为省级文化旅游发展集聚区多达26个（见表1）。

表1　省级文化旅游发展集聚区名录

1	青岩古镇特色优势服务产业集聚区	贵阳市	花溪区	已认定
2	贵阳水东都市文化旅游集聚区	贵阳市	云岩区	已认定
3	多彩贵州文化旅游集聚区（双龙）	贵阳市	双龙新区	已认定新增
4	贵州务川仡佬文化旅游集聚区	遵义市	务川县	已认定新增
5	赤水文化旅游集聚区	遵义市	赤水县	已认定
6	遵义苟坝红色文化旅游产业集聚区	遵义市	播州区	已认定新增
7	凤冈茶文旅服务业集聚区	遵义市	凤冈县	已认定新增
8	习水土城红色文化旅游创新区	遵义市	习水县	已认定新增
9	六盘水市钟山区大河生态休闲旅游集聚区	六盘水市	钟山区	已认定新增
10	水城百车河文创旅游集聚区	六盘水市	水城县	已认定新增
11	安顺黄果树特色优势服务产业集聚区	安顺市	黄果树风景名胜区	已认定
12	安顺多彩万象旅游城文化旅游集聚区	安顺市	安顺经济开发区	已认定
13	安顺普定特色优势服务产业集聚区	安顺市	普定县	已认定
14	黔东南凯里文化旅游集聚区	黔东南州	凯里市	已认定
15	雷山特色优势服务产业集聚区	黔东南州	雷山县	已认定
16	镇远古城文化旅游集聚区	黔东南州	镇远县	已认定
17	黔东南台江施洞文化旅游集聚区	黔东南州	台江县	已认定
18	黔东南施秉文化旅游集聚区	黔东南州	施秉县	已认定
19	黔南惠水好花红文化旅游集聚区	黔南州	惠水县	已认定新增
20	荔波特色优势服务产业集聚区	黔南州	荔波县	已认定
21	贵州龙里康体休闲文化旅游集聚区	黔南州	龙里县	已认定
22	黔南州瓮安草塘千年古邑文化旅游集聚区	黔南州	瓮安县	已认定
23	平塘天文科技文化旅游集聚区	黔南州	平塘县	已认定
24	黔南东升影视文化旅游集聚区	黔南州	都匀经开区	已认定
25	晴隆史迪威·二十四道拐遗址公园文化旅游集聚区	黔西南州	晴隆县	已认定
26	贞丰县民族文化旅游集聚区	黔西南州	贞丰县	已认定新增

（三）区域文化旅游品牌彰显

贵州省9个市州依托独特文化资源优势，积极推动文化与旅游融合发展，逐步形成了在省内外享有盛名的文化旅游品牌。贵阳市被誉为爽爽的贵阳，中国避暑之都、森林之城。遵义被誉为国酒之都、会议之都。安顺被誉为瀑布之乡，攀岩圣地、屯堡文化之乡。毕节被誉为洞天湖地、花海鹤乡。六盘水被誉为西部煤海、中国凉都、露营天堂。铜仁被誉为梵天净土、大美乌江、桃源铜仁。黔南州被誉为幸福黔南、生态之州、浪漫荔波。黔东南州被誉为好客之州、歌舞之州、民族原生态、万象黔东南。黔西南州被誉为：山水长卷、水墨金州。

（四）以贵阳市为中心辐射其他市州文化旅游精品线路基本形成

近年来，通过省及各市州统筹协调差异化发展，以贵阳市为中心辐射其他市州文化旅游精品线路基本形成。北部形成贵阳—息烽遵义—仁怀—习水—赤水精品旅游线路，主要体验温泉文化、红色历史文化、国酒文化、丹霞生态文化。西北部形成贵阳—织金—毕节—威宁精品旅游线路，主要体验夜郎文化与溶洞、百里杜鹃、草海等独特生态文化。西部形成贵阳—六盘水—盘县精品旅游线路，主要体验工业文化遗址、冬季滑雪。西南部形成贵阳—贞丰—安龙—兴义精品旅游线路，主要体验生态文化、明末皇家文化、民国时期文化体验。中部形成贵阳—平坝—安顺—镇宁精品旅游线路，主要体验屯堡文化、瀑布生态文化。南部形成贵阳—贵定—都匀—荔波—三都精品旅游线路，主要体验世界物质文化遗产、水族、布依族风情文化。东南部形成贵阳—凯里—雷山—剑河—镇远—黎平—从江精品旅游线路，主要体验苗侗风情文化、特色温泉、古城文化。东北部形成贵阳—石阡—江口—铜仁精品旅游线路，主要体验特色温泉、土家族风情文化、梵净山宗教文化、汞都遗址文化。

二、存在的主要问题

（一）文化旅游资源开发不足

文化产业资源利用程度、整合程度不高。贵州文化产业资源丰富，以非物质文化遗产为例，全省现有人类非物质文化遗产名录1项，国家级非物质文化遗产名录74项125处，省级非物质文化遗产名录440处，但是对非物质文化遗产的利用程度不高，全省拥有各类景区474余处，但是不少景区对文化的挖掘整理不够。文化产业与相关产业的融合发展程度还不高，还没有与旅游、餐饮、建筑、制造等产业深度融合发展。另外，全省多年坚持开展的"多彩贵州"旅游商品设计大赛、能工巧匠选拔大赛及旅游商品展销大会以及"多彩贵州"系列文化主题活动的成果还没有在产业化利用上发挥作用，特别是文化旅游商品的展销平台还未完全建立，不能较好地发挥省内省、外两个市场的作用。

（二）旅游与文化产业缺乏深度融合

近年来，推动贵州文化产业发展的主要是传统的旅游产业，贵州丰富的文化资源通过多年的宣传、开发，已经形成很好的比较优势，有气候优势、生态环境优势，还有夜郎文化、红色文化、民族文化，但产品质量不高，没有将这些资源优势转化为市场优势，旅游产业与文化产业缺乏深度融合。贵州旅游产业的表现形式单一，与文化产业的整合力度不大，开发和利用大多停留在"原生态"和"毛坯"的阶段，旅游的表现形式主要集中在景区、景点，缺少大型的、专业化的与文化旅游相关的文艺表演活动，旅游纪念品开发主要来自于少数民族地区自我生成发展，缺乏创意和本地特色，专业化的开发生产还处于起步阶段，还未找到与其他产业特别是文化产业相融合的有效切入点和长效机制。

（三）文化旅游配套基础设施有待完善

文化旅游基础设施，不仅包括传统意义上的旅游交通业、餐饮酒店业，而且包括融入新技术的旅游信息化基础设施等。贵州省旅游基础设施建设方面还存在很多问题，尤其在一些边远地区，由于缺乏相应的配套设施，文化旅游业发展受到很大限制。

（四）发展资金不足

发掘文化旅游业价值，要以文化为底蕴，以历史文物景观及文化活动观光服务为核心，在这一过程中需要大量的资金投入。贵州省目前文化旅游发展的主要资金来自政府投入，民营资本介入很少，融资渠道较为单一，在一定程度上制约了文化旅游业长远发展。

三、2019 年发展环境与趋势分析

（一）发展环境分析

2019 年是贵州省各级政府、部门实现各类"十三五"规划各项指标与贵州省打好脱贫攻坚战的关键之年，也是贵州省深入实施三大战略的关键之年，特别处于党的十九大提出全面实施乡村振兴战略的第二年，更为深入实施《贵州省文化旅游发展创新区规划》的倒数第二年，随着贵州省各级政府、部门在《贵州省文化旅游发展创新区规划》实施任务倒计时紧逼下，各类文化旅游发展创新重大工程、重大项目建设速度将进一步加快。文化旅游在政策、资金、人才服务的扶持力度与开发力度将进一步增强。特别是，2018 年 11 月 19 日，根据《贵州省机构改革方案》和省委十二届四次全会部署，整合贵州省文化厅、贵州省旅游发展委员会的职责组建贵州省文化和旅游厅，作为贵州省政府组成部门。这是从省级层面推动文化和旅游深度融合发展的有力举措，将为建设文化强省增添动力。

（二）发展趋势分析

第一，贵州省正在实施大数据、大扶贫、大生态战略及五个一百工程将助推贵州文化与产业创新发展。三大战略的实施，将给文化旅游产业带来政策、资金、人才、技术、创新观念等一系列发展契机。第二，文化旅游产业市场化程度将进一步提高。贵州将大力发展以民族和山地为特色的文化旅游业，文化旅游产业结构得以持续调整，一批"专、精、特、新"的中小型文化旅游企业进一步发展。在经济新常态背景下，传统文化旅游企业在一段时间内适应新的商业模式、转型发展和市场化发展的要求，文化旅游产品市场竞争格局将初步形成，贵州省的文化旅游企业的市场化程度和竞争程度都将会更高。第三，文化旅游产业集约化的程度进一步提高。文化旅游产业园区（基地）、文化旅游服务业集聚区的建设呈现加快发展的态势。旅游基础设施、旅游服务体系提升、旅游信息化、民族文化旅游体验、红色旅游深度开发、旅游景区深度开发等重大工程和项目建设加快推进，贵州文化旅游产业发展聚集效应进一步改善，文化产业聚集化发展程度进一步提高。第四，文化与旅游逐步深入融合。贵州多彩民族文化、独特自然景观、良好生态环境和气候优势进一步凸显，重点旅游景区和文化产业园（基地）载体进一步加强，民族民间节庆和文化会展平台建设加快，文化与旅游深度融合更加紧密，打造文化旅游产业升级版步伐将进一步加快。

四、推进文化和旅游深度融合发展的对策建议

（一）加大政策扶持力度，构建大产业体系

文化和旅游同属于精神需求消费内容，推进文化与旅游产业融合，政府要加强政策引导和规划，给予一定程度的优惠政策倾斜，充分释放文化旅游结合的红利。一方面，在文化和旅游部门完成融合的基础上，在2019年底前完成省、市、县三级文化和旅游行政部门全面融合，在编制上与中央的顶层设计紧密结合，形成从上到下统筹发展格局；另一方面，对全域旅游的发展加大宏观调控作用，结合《中共中央、国务院关于实施乡村振兴战略的意见》，以文化和旅游业为主导，形成多种新的旅游业态、旅游产品，共同构建文旅大产业体系，提升文化产业的附加值，把文旅产业链条向上下游延伸，拓展文旅产业发展空间。

（二）创新融合体系，实现文化和旅游无缝连接

创新融合体系，打造旅游精品项目，结合区域优势和文化特色，构建更具内涵的文化旅游项目；要协调好区域之间旅游集团的融合发展，省、市、县三级文化旅游部门实施统一管理，完善营销战略和宣传手段，推动旅游热潮的兴起；在掌握文旅系统百姓需求和资本规范接口的基础上，开发出与上下游需求兼容的文旅产品，更多采取能够满足百姓旅游需求并与旅游投资相匹配的开发手段，以便更快更好地推进文化产品创新开发，推动文化产业规模化发展。

（三）主要发展要素深度融合

在技术融合方面，要通过对现有的技术进行创新，改变原有技术

和工艺流程，减少同质化技术，形成共同的技术基础，消除技术壁垒。在资源融合方面，文化资源与旅游资源具有较大重合性，进入新时代，要通过创新创造，使最新的开发技术得到有效整合利用，既保护有形文化资源，又传承非物质文化，吸引更多旅游者，实现产业发展和文化保护的双赢。在市场融合方面，要通过市场的创新整合、共同品牌的培育、资本整体运营来推动和实现文化和旅游产业的深度融合。在产业融合方面，要使打造文旅产业集团成为文化与旅游产业融合的重要载体，着力发展文化旅游业、文化会展业、娱乐业、动漫业等。

（四）优化整合文化旅游产业人才资源

内部培养与外部引进相结合，优化整合文化旅游产业人才资源。以贵州省教育厅为主，联合其他相关部门以及相关企业，根据发展需要，推出"贵州文化旅游产业人才培养计划"，面向贵州文化旅游产业实际需求，提升人才素质。划拨专门经费，重点补助相关院校聘请国内外具有实务经验的师资到省内高校授课或指导、规划跨领域跨学科课程，实施产学研一体化的人才融合服务机制。组织学术与教育资源，建立"贵州文化旅游产业研究院"，为贵州文化旅游产业发展提供理论研究、人才培育、项目辅导推广与评审等方面的服务。加强文化创意人才交流和引进：资助省内优秀创意设计和经营人才到国外强化学习，培养具有国际意识的创意与经营管理人才。鼓励引进高端人才，奖励聘用海内外高层次文化产业管理人才、创意人才和营销经纪人才的文化企业。加大力度，创造条件，重点引进既懂现代市场经济又懂文化艺术的"成熟型"文化产业经营、创意策划、文化经纪人才，引进和培养既掌握现代信息技术又了解市场需求的新媒体、新业态经营人才，培养大批创意设计、工艺制作人才，为贵州文化旅游产业的可持续发展提供不竭的源泉。文化旅游产业主管部门按照各行业管理范围，负责本级人才库的建立、调整和补充工作。加强对行业高层次、高技能人才的统一管理，实现资源共享。

（五）构建文化旅游产业发展公共服务平台

搭建包括综合信息平台、投融资平台、文化产业科技平台、要素交易平台、文化产权交易平台、营销平台、市场中介平台、教育培训平台等文化旅游产业公共服务展平台，提供文化旅游产业决策支撑服务、法律服务、培训服务、文化创意咨询和技术服务、产品和文化服务、宣传推介服务、文化创意成果分享与交易服务、文化创意成果转化推广服务、人才交流服务等，逐渐完善文化旅游产业发展的公共服务。主要采取民办公助的方式，由非营利的社会团体、企业和教育科研机构承担平台职能，各级文化旅游产业管理部门给予定期补助或项目资助，也可与园区或基地综合运营管理机构结合，迅速建立高效能的公共服务平台。

（六）加快文化旅游相关企业集约型发展，做大做强文化旅游产业

贵州省文化旅游产业虽然取得高速增长，但与东部地区相比依然存在总量偏少、集约化程度较低等弱点，要全力推进文化旅游产业集约化经营，增强文化旅游企业核心竞争力。首先，加快培育领军企业。有关部门大力整合现有资源，通过重组、兼并等一系列手段，组建一批具有较强竞争力的大企业。对起点高、管理先进的文化旅游企业予以大力扶持，切实帮助其解决生存、发展中遇到的重点、难点问题。其次，通过大众创业、万众创新活动，扶持中小微文化旅游企业成长。大众创业、万众创新为贵州省文化产业发展注入新的活力，但是实际工作中，中小微文化旅游企业面临开拓市场困难、资本不足等问题。贵州省应抓住大众创业、万众创新的机遇，鼓励民间资本进入文化旅游产业领域，大力发展民营经济，打造一批中小微民营文化企业进入

市场。最后，注重品牌意识，打造知名品牌。品牌是企业核心竞争力之一，文化旅游产业同样需要铸造品牌。贵州省应在既有基础上深入挖掘具有贵州特色的旅游文化品牌，如夜郎旅游、红色旅游、民族文化旅游。在多彩贵州的旗帜下，创造出一批具有浓郁地方特色的文化旅游品牌。

参考文献

［1］贵州省旅发委及相关处《2018年工作总结》。

［2］贵州省"十三五"旅游发展规划。

［3］贵州省旅发委，2017年、2018年贵州省旅游经济运行分析报告。

［4］中国旅游网。

［5］《贵州省文化旅游发展创新区规划》。

贵州山地文化旅游发展研究

王国丽[*]

摘　要： 近年来，贵州借助大扶贫、大数据、大生态三大战略，积极开发山地资源，探索山地和文化融合发展，在山地自然景观旅游、民族风情文化旅游、体育户外旅游方面取得阶段性成效。贵州省黔西南州在山地文化旅游的探索和实践方面为全省发展山地文化旅游提供了经验借鉴。基于此，本文提出了充分挖掘山地和文化资源的内涵和关系、强力打造精品旅游景点和项目、健全完善山地文化旅游的保障机制的对策建议，以促进贵州山地文化旅游向纵深发展。

关键词： 山地旅游；山地文化融合；贵州省

六朝时期，"旅游媚年春，年春媚游人"是我国最早见的关于"旅游"的定义，意指以游览、游乐为主的旅行。随着人们生活水平的提高，旅游日益成为人们日常生活的重要组成部分。到21世纪，旅游已成为最具发展潜力，最环保的产业之一，是经济发展的重要源泉，是满足人民日益增长的物质和文化需求的重要体现。早期的旅游活动只需要满足人们对景物的异质性需求，后期的旅游活动内涵更加丰富，不仅要满足人们对景物异质性的需求，还要满足人们对文化特色的需要。因此，加入了文化元素的旅游有了丰富的内涵，旅游将不再是浅层的、表面的、快餐式的拍照活动，旅游可以结合当地资源

---

　* 王国丽，贵州省社会科学院助理研究员。研究方向为产业经济、农村经济、电商经济。

和文化特色，发展形式多样的旅游项目。当下，山地文化与旅游关联性的研究和实践并不多，但地处大山深处的贵州省，凭借其独一无二的山地资源特色，在山地文化资源开发与应用方面进行了成功的探索和尝试。

一、贵州山地文化旅游的资源依托

（一）丰富的山地资源

贵州是典型的山地省份，高原山地居多，山地面积占全省国土面积超过95%，素有"八山一水一分田"之说。境内山脉众多，层峦叠嶂，绵延纵横，山高谷深，山地资源具有多样性、复合型、原生态性和脆弱性等特点。北部有自西向东北斜贯的大娄山，是川黔要隘；中南部苗岭横亘，主峰为雷公山；东北有武陵山，由湘蜿蜒入黔，主峰是梵净山；西部是高耸的乌蒙山，山脉上的赫章县珠市乡韭菜坪为境内最高点，海拔 2900.6 米；黔东南州的黎平县地坪乡水口河出省界处，为境内最低点，海拔 147.8 米。由于高原山地众多，地势险峻，深居在大山里的贵州人民更能真切感受到"黔处天末，重山复岭，鸟道羊肠，舟车不通，地狭民贫"的无奈。雄伟壮大的喀斯特地貌景观是贵州山地资源独特的表现形式，目前贵州全省喀斯特地形面积约有14 万平方公里，占全省国土面积的73.6%，83 个县市均有喀斯特地貌分布，占全省县市总面积的95%。地下暗河、锥形谷、天生桥、天坑、溶洞等景观是发展山地旅游的宝贵资源，我们称这些资源为喀斯特配套性资源，可发展登山、攀岩、漂流、探险等特色山地旅游项目。在贵州可以找到很多像这样类似的配套性资源，如黄果树瀑布、龙宫、织金洞、荔波喀斯特森林公园、小七孔、梵净山、杉木河、马岭河峡谷等。由于高原山地的特殊地貌，当前已经开发出来的这些景观只是贵州喀斯特地貌中的一小部分，随着交通日益便利、经济不断发展，还有相当一部分山地资源有待开发和利用。

(二) 独特的文化资源

近年来，享有"神奇的喀斯特王国"美誉的贵州有着喀斯特自然生态和独具魅力的喀斯特民族风情，吸引了无数游客向贵州集聚。早期，由于受交通条件的制约，世世代代居住在高原和山地之间的贵州人有了自己独特的民族文化，并很好地保持了其原生态性质。

根据全国第三次文物普查，贵州新发现文物 6793 处。2016 年底，通过文物普查，贵州省登记的不可移动文物有 14825 处。有世界文化遗产 1 项，全国重点文物保护单位 71 处，省级文物保护单位 419 处，县级文物保护单位 2400 多处；人类非物质文化遗产 2 项，国家级名录 85 项 140 处，省级名录 561 项 709 处，市、州、县级名录 4000 多项；国家级民族文化生态保护实验区 1 个，省级民族文化生态保护区 2 个；国家级非遗生产性保护示范基地 3 个，省级非遗生产性保护示范基地 57 个。

贵州的少数民族文化闻名全国，甚至是全世界，为世界的民族文化发展贡献了不俗的成绩。世居的少数民族有苗族、布依族、侗族、壮族、彝族、土家族、水族、仡佬族、白族等 17 个。人口最多的少数民族是苗族，主要分布在黔东南、黔南和黔西南地区；其次是布依族，主要分布在黔南、黔西南和安顺地区；还有分布在黔东南的侗族；分布在铜仁地区的土家族、黔南州三都县和荔波县的水族、黔西北的彝族。其中尤以苗族文化、侗族文化、布依族文化发展繁荣昌盛并最具魅力。苗族文化通过其服饰文化、节日文化和饮食文化来体现，苗族服饰以其银饰、苗绣、蜡染为主要特色。服饰色调反映了苗族历史悠久、居住分散、风俗多样的特点，如"白苗""黑苗""花苗""汉苗"等就是因其服色或服式来称谓的。苗族女服饰在贵州有上百种，以刺绣、挑花、蜡染为主要工艺，并配以贵重银饰以彰显富丽堂皇，男子服饰较统一，包头巾，身穿无领、大袖宽腿裤。主要传统节日有苗年、姑藏节、姊妹节、吃新年、芦笙节、龙船节等。西江千户苗寨保存了苗族"原始生态"文化，是目前中国乃至世界最大的苗族聚居村寨之一。饮食文化以酸汤鱼闻名全国，并以酒传情，如拦路酒、进门酒、双杯酒等均体现了苗族人民丰富多彩的酒文化。侗族服饰文化早在唐朝就有记载，唐朝李廷寿编撰的《北史僚传》中有关于对"僚人能为细布，色致鲜净"的记载，反映了当时侗族先民的纺织技术和染色技艺。侗族的服饰讲究色彩和造型的总效果，服饰上各式各样的图案来自于对大自然中植物和动物的模拟，这些图案既反映了对原始图腾的崇拜，也有对侗族祖先千百年留下来的民族审美心理和原始信仰。以居住的地域来划分，侗族服饰大致可分为南北两种类型。侗族村寨依山傍水，"鼓楼"和"风雨桥"是其标志性建筑。侗族节日多，活动也十分丰富，有"万节民族"之誉。侗族大歌历史悠久，是侗族文化传承的重要组成部分，以多声部、无指挥、无伴奏、自然和声的民间合唱形式存在，起源于春秋战国时期，距今已有 2500 多年的历史。2009 年，侗族大歌被列入人类非物质文化遗产代表作名录。布依族村寨布局中有田坝、小河、石板平桥和石拱桥梁，居民主要居住在楼房、半楼房和平房中。布依族人民喜饮糯食，并有多种制作方法，如糍粑、圆糖粑、耳块粑、枕头粽等。逢年过节必食糯米饭，喜饮自酿酒，家家户户均能酿制糯米酒和大米、玉米烧酒。布依服饰色调主要以青、蓝、白为主。布依族妇女讲究头饰，婚前头盘发辫，戴绣花头巾；婚后需改用竹笋壳作"骨架"的专门饰样，名曰"更考"，意为成家人。青壮年男子多包头巾，穿对襟短衣和长裤。老年人大多穿对襟短衣或长衫。布依蜡染久负盛名，清代史书上记述中的"青花布"讲的就是布依蜡染布。传统节日主要有三月三、四月八、六月六、吃新节、七月半等。布依名歌以《好花红》《桂花开放幸福来》等传唱于全国乃至全世界，八音坐唱、布依戏、布依盘歌也备受欢迎。

二、贵州山地文化旅游的开发和应用

近年来，贵州积极开发山地资源，借助大扶贫、大数据、大生态三大战略，探索山地和文化融合发展，在山地自然景观旅游、民族风情文化旅游、体育户外旅游方面取得阶段性成效。在区域发展上，黔西南州的山地文化旅游为贵州省山地文化旅游发展提供了经验和借鉴。

（一）山地自然景观旅游

贵州常被称作是"地无三里平"之地，大山阻断了人们通往城镇发展的道路，造成了贫困，但同时也给贵州发展山地自然景观旅游提供了宝贵的财富。《纽约时报》将贵州评为 2016 年最值得去的 52 个"一生必去旅行地"之一，上榜理由是：正宗的中国山地部落。贵州的山、水、洞、林、石等元素构造了千姿百态、绚丽多彩的自然景观，这些自然景观具有极高的游览观赏价值。截至 2020 年 2 月，贵州有自然景观旅游景区共 124 处，其中 AAAAA 级景区 5 处、AAAA 级景区52 处、AAA 级景区 64 处、AA 级景区 3 处。自然景观旅游景区占全省所有景区的 29.8%（见表 1）。

表 1　贵州 A 级自然景观类景区

序号	旅游景区名称	A 级	序号	旅游景区名称	A 级	序号	旅游景区名称	A 级
1	安顺市黄果树旅游景区	AAAAA	3	毕节市百里杜鹃景区	AAAAA	5	黔南州荔波樟江旅游景区	AAAAA
2	安顺市龙宫旅游景区	AAAAA	4	铜仁市梵净山生态旅游景区	AAAAA	6	贵阳市云岩区黔灵山公园旅游景区	AAAA

续表

序号	旅游景区名称	A级	序号	旅游景区名称	A级	序号	旅游景区名称	A级
7	贵阳市花溪区天河潭景区	AAAA	18	遵义市赤水市四洞沟旅游景区	AAAA	29	六盘水市六枝特区牂牁江景区	AAAA
8	贵阳市开阳县白马峪旅游景区	AAAA	19	遵义市绥阳县双河洞旅游景区	AAAA	30	安顺市镇宁县夜郎洞景区	AAAA
9	贵阳市南明区阿哈湖湿地公园景区	AAAA	20	遵义市绥阳双门峡旅游景区	AAAA	31	毕节市织金洞景区	AAAA
10	贵阳市白云区泉湖公园景区	AAAA	21	遵义市正安县桃花源记景区	AAAA	32	毕节市威宁县草海生态旅游度假区	AAAA
11	遵义市赤水市大瀑布景区	AAAA	22	遵义市桐梓县水银河大峡谷旅游景区	AAAA	33	毕节市赫章县阿西里西韭菜坪旅游景区	AAAA
12	遵义市赤水市燕子岩旅游景区	AAAA	23	遵义市绥阳清溪峡景区	AAAA	34	毕节市七星关区森林公园拱拢坪景区	AAAA
13	遵义市习水县中国丹露谷旅游景区	AAAA	24	六盘水市水城县玉舍森林旅游景区	AAAA	35	毕节市黔西县中果河旅游景区	AAAA
14	遵义市汇川区娄山关景区	AAAA	25	六盘水市盘州市娘娘山旅游景区	AAAA	36	铜仁市石阡县夜郎古泉旅游景区	AAAA
15	遵义市绥阳县红果树旅游景区	AAAA	26	六盘水市钟山区韭菜坪景区	AAAA	37	铜仁市碧江区大明边城景区	AAAA
16	遵义市赤水市竹海旅游景区	AAAA	27	六盘水市盘州市乌蒙大草原景区	AAAA	38	铜仁市江口县亚木沟旅游景区	AAAA
17	遵义市赤水市佛光岩景区	AAAA	28	六盘水市钟山区梅花山旅游景区	AAAA	39	铜仁市石阡县佛顶山旅游景区	AAAA

续表

序号	旅游景区名称	A级	序号	旅游景区名称	A级	序号	旅游景区名称	A级
40	铜仁市江口县云舍旅游景区	AAAA	51	黔西南州晴隆县史迪威·24道拐旅游景区	AAAA	62	遵义市播州区鸭溪杨柳旅游区	AAA
41	铜仁市德江县武陵桃源旅游景区	AAAA	52	黔西南州贞丰县三岔河旅游景区	AAAA	63	遵义市播州洪关太阳坪景区	AAA
42	黔东南州施秉县云台山旅游景区	AAAA	53	黔西南州兴仁市放马坪景区	AAAA	64	遵义市播州区水泊渡景区	AAA
43	黔东南州施秉县杉木河景区	AAAA	54	黔西南州兴义市万峰湖旅游景区	AAAA	65	遵义市赤水市望云峰景区	AAA
44	黔东南州镇远县下㵲阳河旅游景区	AAAA	55	黔西南州安龙县招堤旅游景区	AAAA	66	遵义市赤水市转石奇观景区	AAA
45	黔南州平塘县掌布"藏字石"景区	AAAA	56	贵安云漫湖休闲景区	AAAA	67	遵义市绥阳县螺江九曲公园景区	AAA
46	黔南州平塘县中国天眼景区	AAAA	57	贵阳市双龙森林公园景区	AAAA	68	遵义市桐梓县小西湖旅游景区	AAA
47	黔南州贵定县金海雪山景区	AAAA	58	贵阳市花溪区夜郎谷景区	AAA	69	遵义市习水县中国杉王景区	AAA
48	黔西南州兴义市万峰林景区	AAAA	59	遵义市播州区乌江渡旅游景区	AAA	70	遵义市余庆县红渡景区	AAA
49	黔西南州兴义市马岭河峡谷景区	AAAA	60	遵义市绥阳县观音岩生态景区	AAA	71	遵义市正安县水车坝景区	AAA
50	黔西南州贞丰县双玉峰景区	AAAA	61	遵义市余庆县大乌江景区	AAA	72	遵义市习水县仙源天池公园景区	AAA

续表

序号	旅游景区名称	A级	序号	旅游景区名称	A级	序号	旅游景区名称	A级
73	遵义市习水县箐山公园景区	AAA	84	六盘水市盘州市九龙潭旅游景区	AAA	95	铜仁市碧江区百花渡旅游景区	AAA
74	遵义市绥阳县万佛洞旅游景区	AAA	85	安顺市镇宁县红旗湖公园旅游景区	AAA	96	铜仁市德江县白果坨湿地公园旅游景区	AAA
75	遵义市绥阳县卧龙湖旅游景区	AAA	86	毕节市大方县清虚洞旅游景区	AAA	97	黔东南州黄平县野洞河旅游景区	AAA
76	遵义市务川县桃符旅游景区	AAA	87	毕节市黔西县月亮湾旅游景区	AAA	98	黔东南州镇远县青龙洞景区	AAA
77	遵义市赤水市戈千崖景区	AAA	88	毕节市纳雍县总溪河旅游景区	AAA	99	黔东南州岑巩黔东南大峡谷景区	AAA
78	遵义市赤水市红石野谷景区	AAA	89	毕节市纳雍县大坪箐景区	AAA	100	黔东南州三穗贵洞景区	AAA
79	六盘水市钟山区大河堡旅游景区	AAA	90	毕节市百里杜鹃米底河景区	AAA	101	黔东南州黎平县八舟河景区	AAA
80	六盘水市盘州市古驿胜境景区	AAA	91	毕节市黔西县鸭池河旅游景区	AAA	102	黔东南州镇远县高过河景区	AAA
81	六盘水市水城县米箩景区	AAA	92	毕节市金沙县千鼓山景区	AAA	103	黔东南州岑巩县玉门洞景区	AAA
82	六盘水市盘州市大洞竹海旅游景区	AAA	93	毕节市九洞天景区	AAA	104	黔东南州台江县红阳万亩草场景区	AAA
83	六盘水市盘州市虎跳峡海旅游景区	AAA	94	铜仁市松桃县潜龙洞旅游景区	AAA	105	黔东南州岑巩县红豆杉景区	AAA

续表

序号	旅游景区名称	A级	序号	旅游景区名称	A级	序号	旅游景区名称	A级
106	黔东南州从江县四联景区	AAA	113	黔南州平塘县六硐景区	AAA	120	黔西南州兴义市雨补鲁天坑景区	AAA
107	黔南州长顺县杜鹃湖景区	AAA	114	黔南州荔波县布洛亚景区	AAA	121	黔西南州兴义市泥凼石林景区	AAA
108	黔南州龙里县龙架山景区	AAA	115	黔南州龙里县贾托山风景区	AAA	122	遵义市余庆县迴龙景区	AA
109	黔南州龙里县大草原景区	AAA	116	黔西南州兴仁市绿荫河景区	AAA	123	六盘水市水城县真龙山景区	AA
110	黔南州罗甸县高原千岛湖休闲旅游区	AAA	117	黔西南州兴仁市鲤鱼坝景区	AAA	124	六盘水市水城县滴水岩景区	AA
111	黔南州龙里县十里刺梨沟景区	AAA	118	黔西南州兴仁市马金河景区	AAA			
112	黔南州独山县天洞景区	AAA	119	黔西南州册亨县万重山景区	AAA			

资料来源：笔者根据贵州省文化旅游厅官网提供的"贵州省A级旅游景区名录"整理而得。

（二）民族文化旅游

贵州是少数民族的聚集地，少数民族人口占全省总人口的39%，少数民族自治地区国土面积占全省国土面积的55.5%。各少数民族世世代代居住在贵州，和睦相处，各民族文化与山高平地少的贵州交相辉映，共同创造了多彩多样的具有贵州特色的民族风情。近年来，贵州积极挖掘少数民族风情资源，发展以少数民族风情为主的民族文化旅游景区。截至2020年2月，贵州有民族文化类旅游景点121处，占全省旅游景区总数的28.9%，其中AAAAA级景区2处、AAAA级景区 27 处、AAA 级景区 88 处、AA 级景区 4 处（见表 2）。

表 2　贵州 A 级民族文化类景区

序号	旅游景区名称	A 级	序号	旅游景区名称	A 级	序号	旅游景区名称	A 级
1	贵阳市花溪区青岩古镇景区	AAAAA	11	六盘水市钟山区贵州三线建设博物馆景区	AAAA	21	黔东南州雷山县西江千户苗寨景区	AAAA
2	黔东南州镇远古城旅游景区	AAAAA	12	安顺市西秀区旧州生态文化旅游古镇景区	AAAA	22	黔东南州黎平县肇兴侗文化旅游景区	AAAA
3	贵阳市修文县阳明文化园旅游景区	AAAA	13	安顺市西秀区云峰八寨文化旅游区	AAAA	23	黔东南州凯里市下司古镇景区	AAAA
4	遵义市务川县仡佬文化旅游景区	AAAA	14	安顺市平坝区天龙屯堡旅游景区	AAAA	24	黔东南州从江县岜沙原生态苗族文化旅游区	AAAA
5	遵义市余庆县飞龙寨景区	AAAA	15	安顺市平坝区小河湾美丽乡村旅游景区	AAAA	25	黔东南州雷山县郎德旅游景区	AAAA
6	遵义市汇川区海龙屯旅游景区	AAAA	16	安顺市镇宁县高荡千年布依古寨旅游景区	AAAA	26	黔东南州锦屏县隆里古城旅游景区	AAAA
7	遵义市习水土城古镇景区	AAAA	17	毕节市大方县慕俄格古彝文化旅游景区	AAAA	27	黔东南州黄平县旧州古城旅游景区	AAAA
8	遵义市播州苟坝红色旅游景区	AAAA	18	毕节市大方县奢香古镇景区	AAAA	28	黔南州福泉市古城文化旅游景区	AAAA
9	遵义市正安县桃花源记景区	AAAA	19	铜仁市松桃县苗王城旅游景区	AAAA	29	黔南州惠水县好花红乡村旅游景区	AAAA
10	遵义市赤水市丙安古镇景区	AAAA	20	铜仁市江口县云舍旅游景区	AAAA	30	贵阳市花溪区龙井村景区	AAA

续表

序号	旅游景区名称	A级	序号	旅游景区名称	A级	序号	旅游景区名称	A级
31	贵阳市花溪区夜郎谷景区	AAA	42	遵义市播州区水韵乌江风情小镇景区	AAA	53	安顺市西秀区九溪村旅游景区	AAA
32	贵阳市花溪区高坡扰绕景区	AAA	43	遵义市播州区花茂旅游景区	AAA	54	安顺市西秀区大黑村旅游景区	AAA
33	遵义市播州区中华仡佬文化风情园旅游景区	AAA	44	遵义市习水县箐山公园景区	AAA	55	安顺市镇宁县马鞍山红色旅游景区	AAA
34	遵义市播州洪关太阳坪景区	AAA	45	遵义市务川县仡佬文化博物馆景区	AAA	56	安顺市镇宁县大寨布依风情旅游景区	AAA
35	遵义市汇川区岩底庄景区	AAA	46	遵义市仁怀市合马羊肉小镇景区	AAA	57	安顺市关岭县上甲布依古寨旅游景区	AAA
36	遵义市湄潭县八角山乡村旅游景区	AAA	47	遵义市湄潭县七彩部落旅游景区	AAA	58	安顺市开发区三合苗寨风情旅游景区	AAA
37	遵义市桐梓县夜郎水寨旅游景区	AAA	48	遵义市赤水市曾氏晒醋景区	AAA	59	安顺市西秀县大西桥镇鲍家屯旅游景区	AAA
38	遵义市桐梓县红苗风情旅游景区	AAA	49	遵义市道真县中华仡佬文化园景区	AAA	60	安顺市西秀区龙青旅游景区	AAA
39	遵义市桐梓县尧龙山旅游景区	AAA	50	六盘水市六枝特区牛角布依风情旅游景区	AAA	61	安顺市关岭县古生物化石群旅游景区	AAA
40	遵义市习水县犁园景区	AAA	51	六盘水市水城县米箩景区	AAA	62	毕节市七星关区砂锅寨乡村旅游景区	AAA
41	遵义市播州区古韵安村景区	AAA	52	安顺市西秀区苗岭屯堡古镇	AAA	63	毕节市大方县印象木寨旅游景区	AAA

续表

序号	旅游景区名称	A级	序号	旅游景区名称	A级	序号	旅游景区名称	A级
64	毕节市黔西县林泉海子乡村旅游景区	AAA	74	黔东南州凯里市民族文化园旅游景区	AAA	84	黔东南州黎县平铜关景区	AAA
65	毕节市金海湖新区青山玫瑰庄园景区	AAA	75	黔东南州丹寨县石桥古法造纸文化旅游景区	AAA	85	黔东南州黎平县八舟河景区	AAA
66	毕节市金海湖新区上小河村白族民俗旅游景区	AAA	76	黔东南州麻江县同稣状元府景区	AAA	86	黔东南州从江县七星侗寨旅游景区	AAA
67	铜仁市思南县郝家湾旅游景区	AAA	77	黔东南州榕江大利侗寨景区	AAA	87	黔东南州榕江县苗疆古驿小丹江旅游景区	AAA
68	铜仁市沿河县南庄旅游景区	AAA	78	黔东南州雷县山大塘景区	AAA	88	黔东南州榕江七十二寨斗牛城景区	AAA
69	铜仁市印江县团龙旅游景区	AAA	79	黔东南州台江县施洞苗族文化旅游景区	AAA	89	黔东南州三穗县木良景区	AAA
70	铜仁市玉屏县侗乡风情园旅游景区	AAA	80	黔东南州锦屏县文斗苗寨景区	AAA	90	黔东南州三穗县寨头景区	AAA
71	黔东南州镇远县青龙洞景区	AAA	81	黔东南州黎平县黄冈侗寨景区	AAA	91	黔东南州天柱县三门塘景区	AAA
72	黔东南州凯里市苗侗风情园景区	AAA	82	黔东南州黎平县四寨侗寨景区	AAA	92	黔东南州台江县锦绣长滩景区	AAA
73	黔东南州黎平县翘街旅游景区	AAA	83	黔东南州黎平县滚正侗寨景区	AAA	93	黔东南州剑河县仰阿莎文化旅游景区	AAA

续表

序号	旅游景区名称	A级	序号	旅游景区名称	A级	序号	旅游景区名称	A级
94	黔东南州剑河县革东镇屯州石板苗寨景区	AAA	104	黔南州福泉市黄丝旅游景区	AAA	114	黔西南州册亨县陂鼐古寨景区	AAA
95	黔东南州凯里市南花苗寨景区	AAA	105	黔南州荔波县恩铭故里景区	AAA	115	黔西南州册亨县福尧福寨景区	AAA
96	黔东南州凯里市千年岩寨景区	AAA	106	黔南州荔波县佳荣大土苗寨景区	AAA	116	黔西南州望谟县新屯布依寨景区	AAA
97	黔东南州锦屏县茅坪木商古镇景区	AAA	107	黔南州荔波县梦柳布依风情小镇景区	AAA	117	黔西南州晴隆县阿妹戚托小镇景区	AAA
98	黔东南州从江县高华瑶浴谷景区	AAA	108	黔南州龙里县孔雀寨景区	AAA	118	遵义市凤冈县山宝景区	AA
99	黔东南州从江县四联景区	AAA	109	黔南州荔波县瑶麓青瑶古风园景区	AAA	119	六盘水市水城县猴儿关景区	AA
100	黔东南州台江县艺术之乡反排景区	AAA	110	黔西南州义龙新区鲁屯古镇文化园景区	AAA	120	六盘水市水城县玉舍转山景区	AA
101	黔东南州台江县银饰之乡九摆旅游景区	AAA	111	黔西南州兴义新区刘氏庄园景区	AAA	121	黔南州独山县奎文阁景区	AA
102	黔东南州剑河县巫包红绣旅游景区	AAA	112	黔西南州兴义新区何应钦故居旅游区	AAA			
103	黔南州荔波县瑶山古寨景区	AAA	113	黔西南州贞丰县古城景区	AAA			

资料来源：笔者根据贵州省文化旅游厅官网提供的"贵州省A级旅游景区名录"整理而得。

（三）体育户外旅游

作为国际山地旅游联盟成立的发起方和总部的永久所在地，近年来贵州深度挖掘山地资源，发展与山地结合的攀岩、登山、探险、骑行、漂流等体育类户外旅游景点，念好"山"字经，打好生态、民族和文化牌，推动贵州从旅游大省向旅游强省迈进，为世界山地旅游产业发展做出贵州贡献。在山地户外旅游发展方面，贵州黔西南州做出了一些成功的探索，为贵州省发展山地旅游提供了经验借鉴和模板。当前贵州体育户外类的旅游景区有 18 处，其中 AAAA 级景区 9 处、AAA 级景区 9 处。从地域分布来看，黔西南州的景区最多，有 7 处，占比 38.9%（见表 3）。

表 3　贵州体育户外类景区

序号	旅游景区名称	A 级	序号	旅游景区名称	A 级
1	贵阳市开阳南江大峡谷景区	AAAA	8	黔西南州晴隆县史迪威·24 道拐旅游景区	AAAA
2	贵阳市修文县桃源河旅游景区	AAAA	9	黔西南州兴义市万峰湖旅游景区	AAAA
3	六盘水市盘州市乌蒙大草原景区	AAAA	10	遵义市新蒲新区奥林匹克公园景区	AAA
4	六盘水市钟山区梅花山旅游景区	AAAA	11	安顺市关岭县奇缘谷冰雪小镇旅游景区	AAA
5	安顺市紫云县格凸河户外休闲旅游景区	AAAA	12	黔东南州麻江县马鞍山生态体育公园旅游景区	AAA
6	黔西南州兴义市万峰林景区	AAAA	13	黔东南州镇远县高过河景区	AAA
7	黔西南州兴义市马岭河峡谷景区	AAAA	14	黔南州福泉市双谷生态体育公园旅游区	AAA

序号	旅游景区名称	A 级	序号	旅游景区名称	A 级
15	黔南州龙里县大草原景区	AAA	17	黔西南州兴义市山地旅游暨户外运动大会会址旅游景区	AAA
16	黔西南州贞丰县北盘江大峡谷景区	AAA	18	黔西南州安龙县山地户外运动示范公园景区	AAA

资料来源：笔者根据贵州省文化旅游厅官网提供的"贵州省 A 级旅游景区名录"整理而得。

（四）黔西南州山地旅游的成功实践

位于贵州省西南部的黔西南州分布着全球面积最广的喀斯特山地，山地内的峰林、高原湖泊、峡谷、瀑布等富集，是发展山地旅游的理想之地。近年来，黔西南州在山地旅游方面进行了积极探索并取得阶段性成效。2015 年，黔西南州成功举行了首届国际山地旅游大会，开启了黔西南州全域山地旅游的新篇章。黔西南州万峰林、马岭河峡谷、万峰湖、晴隆二十四道拐等喀斯特山地景观已成为贵州"山地"符号的代表。此外，黔西南州还较完整地保留了传统文化，布依族的三月三文化节、六月六风情节、查白歌节、苗族八月八等节假日流传至今，国家级非物质文化遗产有布依戏、布依八音、铜鼓十二则、查白歌节、高台舞狮、土法造纸等，每年都会吸引游客前来观赏和参与。另外，黔西南州还有丰富的远古文化，如顶效绿荫村的贵州龙化石、兴义猫猫洞、安龙观音洞、贞丰的红岩岩画。目前，国际山地旅游大会已经在兴义连续举办了 5 届，国际山地旅游大会永久落户兴义，这为黔西南州发展山地旅游，为全国乃至全世界发出贵州声音奠定了良好基础。2015~2018 年，黔西南州累计投入 700 余亿元打造了一批高品质旅游景区、重点线路和山地特色旅游目的地。攀岩、登山、徒步、山地自行车、汽车越野、露营、野钓、低空飞行等一系列山地运动为黔西南州发展山地旅游按下了"快车键"。据相关部门提供的数据，2015~

2018 年，兴义市接待游客总人数从 1665 万人次增加到 4596 万人次，年均增速 40.44%。

总体来看，贵州发展山地旅游有很好的资源优势，也有发展潜力，开发的各类景区均已具备基本的食、住、行、游的条件，但是距离高质量的发展要求还有一定差距。贵州山地资源丰富多彩，开发和利用价值很大，但是，当前各景点挖掘山地特点和文化内涵还不够，景区的山地性、文化性、生态性主题还不够突出。

三、贵州发展山地文化旅游的政策建议

深挖贵州旅游资源的自然禀赋与文化潜质，依托地理环境、气候条件、生态环境和民族风情等优势，分类推进打造一批精品旅游文化项目，促进贵州山地与文化旅游融合协调发展现提出以下三点建议。

第一，充分挖掘山地和文化资源的丰富内涵和关系。贵州要走出一条不同于东部、有别于西部的山地文化旅游发展道路，必须要依托当地资源禀赋，融合当地文化，并结合当地经济发展条件和生态环境，发展以山地为特色的文化旅游项目。山地旅游的配套项目是山地文化，其发展的长远性和可持续性要靠山地文化来支撑，这有助于引导山地旅游向纵深发展，向内涵式旅游发展，而不是一种快餐式的旅游。贵州喀斯特山地资源包括石林、峰林、高原、草原、峡谷、瀑布等，文化资源包括少数民族文化、中医药文化、酒文化、茶文化、红色文化、远古文化等，发展山地文化旅游项目的前提是要深入挖掘各类资源的丰富内涵，寻找文化类资源与自然类资源相互联系的共同点，建立两者相互连接、相互依存的紧密合作关系。基于此，开发的山地旅游项目才具有灵魂和价值，才能有效推动山地文化旅游向高质量方向发展。

第二，强力打造精品旅游景点和项目。打造精品旅游景点和项目是发展山地文化旅游的重要依托，在明确山地和文化资源的丰富内涵

和关系基础上打造的旅游景点和项目才具有价值。一是要打造山地户外运动旅游。系统整合多梯度山地资源优势，打造以登山探险、专业攀岩、溜索滑翔、徒步穿越、露营、高尔夫、骑行、拓展训练等体验性较强的户外运动项目，这是贵州发展山地户外旅游不同于全国的绝对优势，要以立足贵州、辐射西南，建立在国内外具有知名品牌的户外山地运动景点和项目为目标。二是要整合多元民族文化资源，发展民族风情旅游。当前，贵州民族民俗风情旅游村寨分布众多，且同质化较为严重，发展层次不高，存在小、散、弱等问题，针对这些问题，应系统整合具有同质性且民族文化相近的民族民俗村寨，以点为单元，组合成面，将民族村寨进行联合发展，既能扩大影响力，又能实现优势互补、共同壮大。三是挖掘山地医药资源，发展医药养生旅游。依托贵州中医药文化资源，深入挖掘贵州中医药材和食材，引进高科技，积极发展中医药健康养生旅游、中医药美容美体旅游和中医药医疗等高端度假旅游。四是整合贵州已有的茶文化、酒文化资源，发展休闲养生旅游。贵州拥有茶文化和酒文化的传统资源优势和历史，以茶文化和酒文化为主打造参与式较强的精品景区和项目将进一步丰富贵州山地旅游的内涵。五是依托山地农业资源，发展农旅融合的乡村旅游。以精准扶贫和美丽乡村建设为契机，依托贵州农业特色资源，通过农业产业化经营，发展观光休闲农业和乡村旅游。

第三，健全完善山地文化旅游的保障机制。省级政府部门要在人力、财力、政策上鼓励和支持山地文化旅游发展，为山地文化旅游发展创造良好的环境和氛围。具体而言，一是要提供财政资金支持，安排专项资金支持山地文化旅游项目的发展，建立山地文化旅游项目库，凡是纳入项目库的项目均能得到专项资金的支持。同时，积极争取国家在精准扶贫、美丽乡村建设和乡村振兴中的项目和资金投入文化产业项目发展。二是引进一批管理型复合人才，对文化旅游项目可行性进行把关和审核，能够解决项目发展中遇到的问题。大力引进和培育文化旅游营销人才。对市场要有敏锐度，能够针对不同消费群体提供有针对性、有差异性的旅游产品。三是要制定相关政策保护好山地文化资源。把山地和文化资源纳入保护的重要议程是发展山地文化旅游的重要载体。政府要加强生态旅游区的环境监管，保护景区的生态环境安全，各级旅游部门要出台文化旅游业旅游管理条例、生态环境保护条例等，严格管控景区生态环境，加强环境质量监测。四是要依托贵州大数据发展契机，建立旅游电子商务平台，创新山地文化旅游营销模式。创新利用网络视频、微信、微博等自媒体平台加大宣传和营销力度。依托旅游信息数据库，利用关键词搜索等方式，分析市场需求和客户需求。鼓励和推动旅游运营商建立电子商务平台，在网上发布信息并进行预约和交易，推动山地文化旅游实现信息化发展。

参考文献

［1］李如海：《六盘水市民族文化产业的发展及对策研究》，《理论与当代》2015 年第 5 期。

［2］黄守斌：《黔西南山地旅游的文化视角分析》，《兴义民族师范学院学报》2017 年第 2 期。

贵州省旅游产业发展报告

蒋莉莉　蔡　伟　吴　杰　王　前　陈绍宥*

摘　要： 2018 年，贵州经济不仅有"追"，而且还有"超"。作为"后进之秀"，贵州在不少领域都已居全国"第一把交椅"。2018 年，贵州省经济增速连续两年居全国第一位，连续八年居全国前三位；农业增加值、固定资产投资、金融机构贷款余额增速均居全国第一位；2018 年，贵州斩获了减贫人数全国第一名、数字经济及其吸纳就业增速连续三年全国第一位、物流时效提升力度全国首位、世界自然遗产数量全国第一，旅游经济也交出了完美答卷。

关键词： 文化旅游；发展；贵州

2018 年，贵州省以习近平新时代中国特色社会主义思想为指导，全面贯彻落实省委、省政府关于旅游发展的各项部署，深入推进旅游业供给侧结构性改革，着力创建国家全域旅游示范省，推动"中国温泉省"建设，打造国际知名山地旅游目的地，旅游业发展呈现"持续井喷、提档升级、提质增效、美誉远扬"的良好态势。

一、发展现状

游客数量持续高速增长。2018 年，贵州继续开展"山地公园省·

---

* 蒋莉莉，贵州省社会科学院工业经济研究所所长、研究员。蔡伟，贵州省社会科学院工业经济研究所副研究员。吴杰：贵州省社会科学院工业经济研究所副研究员。王前，贵州省社会科学院工业经济研究所副研究员。陈绍宥：贵州省社会科学院工业经济研究所副研究员。

多彩贵州风"全球推广活动，先后在意大利、英国成功举办了旅游推介会，成功举办第十三届贵州旅游产业发展大会和 2018 国际山地旅游暨户外运动大会，与《纽约时报》、BBC、ASTA 等国际主流媒体和旅行商合作，针对江苏、安徽两省居民创新开展"多彩贵州寻亲之旅"主题营销活动，继续对全国 10 个高温城市所在省份开展避暑旅游专项营销，深挖冬季旅游产品特色，推出温泉、滑雪、年俗等系列活动，有力推动旅游人数增长。贵州省接待游客 9.69 亿人次、同比增长 30.2%，连续三年保持 30% 以上增速，位居全国第一。其中，国外入境游客 146.55 万人次，同比增长 15.6%，国内游客 96711.56 万人次，同比增长 30.1%；入黔游客 4.25 亿人次，占国内游客总数的 43.9%，同比增长 30.0%。国外入境过夜游客 39.69 万人次，同比增长 15.8%；国内过夜游客 18070.78 万人次，同比增长 7.9%。全省乡村旅游接待游客 4.62 亿人次，同比增长 33.6%；1086 个景区接待游客达 61227.31 万人次，同比增长 23.5%（见图 1）。

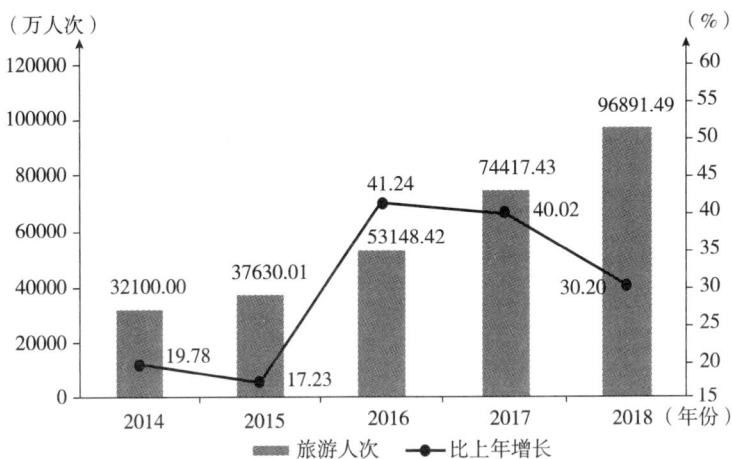

图 1　贵州省旅游总人数及增速

资料来源：2018 年贵州省旅游经济运行监测报告。

旅游总收入持续大幅度提升。贵州省深入推进旅游供给侧结构性改革，有效增加中高端产品供给，延长了游客旅游时间，增加体验性消费，提升了旅游效益。2018 年，全省旅游总收入达到 9471.03 亿元，同比增长 33.1%，旅游业已经成为贵州经济的重要增长点。其中，国内游客收入 9449.58 亿元，同比增长 33.1%；旅游创汇 31762.59 万美元，同比增长 12.1%。贵州省乡村旅游实现收入 2148.33 亿元，同比增长 36.6%。1086 个景区总综合收入 7080.35 亿元，同比增长 22.4%；实现门票总收入 47.27 亿元，同比增长 12.5%（见图 2）。

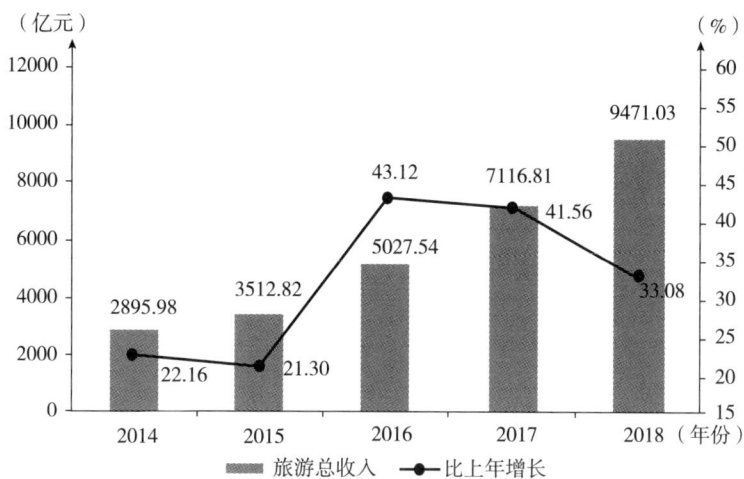

图 2　贵州省旅游产业总收入及增速

资料来源：2018 年贵州省旅游经济运行监测报告。

全域旅游发展格局基本形成。从各地区旅游业发展态势看，2015～2018 年，9 个市（州）旅游总收入年均增长速度均超过 30%，远高于当地 GDP 增速，旅游业均得到全面发展，全域旅游发展格局基本形成。其中六盘水旅游总收入年均增速 60.0%，排名第一，贵阳市增速 33.2%，排名最后。受地理区位及资源数量的影响，贵州省各地区旅游发展依然存在差异性。2018 年，贵阳市旅游总收入 2456.56 亿元，排名第一，六盘水市 301.06 亿元，排名最后（见表 1）。

表1　贵州省旅游总收入及其区域分布　　　单位：亿元,%

年份 地区	2015	2016	2017	2018	年均增速（%）
全省	3512.82	5027.54	7116.81	9471.03	39.2
贵阳市	1040.53	1389.51	1871.95	2456.56	33.2
六盘水市	73.82	124.65	200.49	301.06	60.0
遵义市	547.09	792.73	1143.20	1557.20	41.7
安顺市	378.35	545.96	764.67	1035.41	39.9
毕节市	312.56	444.46	641.71	937.12	44.2
铜仁市	240.18	347.30	517.93	743.97	45.8
黔西南州	140.12	226.21	342.50	509.01	54.0
黔东南州	387.19	553.68	777.75	937.23	34.3
黔南州	422.59	603.04	855.23	1066.54	36.2

资料来源：根据贵州省旅游局提供的数据整理。

　　节假日旅游成为旅游"重头戏"。2018年春节期间，贵州省组织开展"品年味、赶乡场、买年货、寻乡愁"系列主题活动243项，各地面向市场推出各种民风民俗节庆等体验活动，借力2018年央视春节联欢晚会在黔东南州设置分会场，组织参加在巴西里约热内卢举办的"中国文化周"活动，以及广州、香港举办的花车大巡游活动，首次推出系列优惠政策，贵州省乡村、温泉、滑雪、民族民俗旅游全面发力。共接待境内外游客1921.42万人次，同比增长31.09%，实现旅游收入115.73亿元，同比增长35.15%。日均接待超过万人次的景区39个，共接待200个境内外旅游团近15000人到贵州过年。贵州省纳入重点监测的33个温泉景区，春节期间累计接待游客36.18万人次，实现旅游综合收入16986.29万元，同比分别增长29.28%、39.26%。"五一"小长假期间，贵州省共接待游客3190.22万人次，同比增长43.3%，实现旅游总收入133.46亿元，同比增长46.5%。贵州省纳入监测的103个主要旅游景区（点），共接待游客522.44万人次，门票收入10565万元。纳入监测的34家温泉景区游客接待量达到15.18万人次，门票收入1867万元。省内各主要旅游集散地和热点旅游区的中心城市纳入监测的138家旅游饭店平均出租率超过80%的有91家。国庆节长假七天，全省共接待境内外游客4934.1万人次，实现旅游总收入332.11亿元，同比分别增长32.74%、35.76%。纳入监测的103个主要旅游景区（点），共接待游客819.2万人次。纳入监测的138家旅游饭店平均出租率超过80%的有52家，平均出租率超过90%的有24家。安顺黄果树、黔东南西江千户苗寨、贵阳青岩古镇等26家景区累计接待游客人次均超过10万，梵净山、西江千户苗寨等10月2～5日每日均逼近最大游客承载量。遵义会议会址、习水土城古镇游客接待量超过10万人次。纳入监测的35家温泉景区接待游客34.3万人次、实现综合收入1.3亿元。贵阳保利国际温泉接待9586人次、旅游综合收入332万元，贵阳贵御温泉、息烽温泉，铜仁石阡温泉，黔东南剑河温泉等10家景区接待人次超过1万。

自驾游成为常态，过夜游客停留时间延长。从在黔国内游客出游形式来看，自驾出行占58.6%，比2018年提高4.3个百分点，旅行社组织占0.46%。从结伴形式来看，选择和家人一起出游的占42.9%，选择与朋友一起出游的占39.1%，选择独自出游的占9.3%，与公司同事一起出游的占5.3%。国内过夜游客的人均停留时间达到1.59天，比2018年同期提高1个百分点，外省入黔过夜游客人均停留时间达到2.47天。其中停留1夜的占59.3%，停留2夜的占17.5%，停留3夜的占6.8%，停留4～7夜的占7.5%，停留8夜及以上的占8.9%。停留3夜以上过夜游客比重较2017年增加11个百分点。过夜游客人均花费1610元，比上年同期提高29元，其中文化体育娱乐、购物、住宿美食等需求价格弹性大的旅游消费比重达62.2%（见图3）。

贵州旅游从"深闺"跻身中国旅游第一方阵。2018年央视春晚首次走进贵州，黔东南黎平分会场的表演在黎平肇兴侗寨惊艳亮相，创下了2018年央视春晚四大分会场收视率排行榜第一、历年春晚分会场

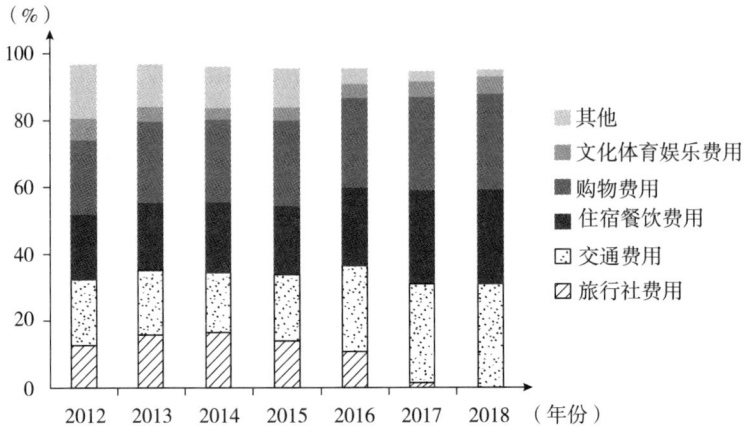

图3　过夜游客花费构成

资料来源：2018年贵州省旅游经济运行监测报告。

收视率排行榜第一的"双第一"纪录，推动贵州旅游品牌蜚声海内外。2018年春节假期贵州累计接待游客36.18万人次，实现旅游综合收入1.7亿元，同比分别增长29.28%和39.26%。CNN电视平台、CNN数字平台、CNN网站平台以及Great Big Story四大板块多层次、全方位地宣传了贵州、推广了贵州。CNN平台打造了整体推广专区和大生态推广专区两个专属数字推广贵州，在整体推广专区上线《中国的大数据"硅谷"》《成功之路》《原始之美》三篇文章分别从贵州大数据、贵州大交通、贵州原生态三个角度再现一个现代的、当今高速发展的贵州，其总浏览量达332468次。在大生态推广专区上线了一篇《中国绿色走廊》的文章，总浏览量达93360次。在CNN平台上上线三篇针对贵州的旅游资源的文章：《去贵州的9个理由，中国下一个大旅游目的地》《贵州安龙：隐藏在荒野的神秘天堂》《黄果树：世界上最大的瀑布群》，这三篇文章分别在CNN网站首页、亚洲版主页强势推出，总浏览量达861186次。CNN旗下Great Big Story工作室于2018年6~7月推出《带我到贵州》系列全新5支短片，选取贵州"双河洞""侗族大歌""苗绣""黑叶猴""遵义辣椒"5个题材进一步探索和解读贵州当地最迷人的自然景观、珍奇物种、人文风情及当地独有的少数民族文化遗产。

贵州"桥梁"吸引全球目光。2018 年 4 月，国外 Highest Bridges（最高的桥）专业网站更新世界桥梁榜单，贵州的北盘江大桥毫无意外排名第一；5 月，美国有线电视新闻网（CNN）推出报道——*GuiZhou：The Roadto Success*（《贵州：成功之路》），让世界的目光再次聚焦中国贵州。文章从贵州的综合立体交通建设发展、"世界桥梁博物馆"、交通发展推动扶贫、旅游文化助力行业发展及近期最重要目标和未来展望入手，报道了贵州如何走上成功之路。近年来，贵州不断刷新中国桥梁建设纪录，甚至不断刷新世界的建设纪录。在世界范围内的大桥高度排行榜中，前 100 名的桥梁，有 80 多座来自中国，而这 80 多座中国的桥梁中，又有 40 多座来自贵州。贵州的桥梁，不仅在数量、跨度上与美国或日本相当，其险峻、壮观程度也是世界任何地方都无法比拟的。除此之外，贵州还有 2 万多座公路桥梁。公开数据显示，目前贵州已建成公路桥梁 2.1 万座，几乎包揽当今世界全部桥型，是世界上特大峡谷桥最密集、数量最多的地区。同时，在桁式组合拱桥、大跨径斜拉桥、高墩大跨径连续钢构桥、大跨径悬索桥的建设上，贵州也取得了不错成绩。而这些桥，也成就了贵州桥梁在世界的地位。"世界路桥看中国，中国路桥看贵州"。如今的贵州，俨然是一座"桥梁博物馆"。座座高桥不仅让贵州多条道路天堑变通途，更成为独一无二的震撼风景。

精品旅游景区创建成效明显。2018 年，全省 A 级旅游景区达 299 个，其中 5A 级 4 个、4A 级 102 个、3A 级 178 个、2A 级 15 个，4A 级以上景区共有 106 个（见表 2）。省旅游部门确定纳入 2018 年全省 100 个精品旅游景区创建工程共 58 个、全省 100 个旅游景区提升工程 94 个、全省 100 个旅游景区培育工程 104 个、全省 100 个旅游度假区创建工程 65 个、全省 100 个旅游名村（名城名镇）建设工程 153 个、全省 100 个温泉旅游项目建设工程 53 个。全年贵州省旅游"1+5 个 100 工程"在建项目 1230 个，累计完成投资 261.98 亿元，其中精品旅游景区完成投资 153.37 亿元。重点为各地建设不同类型的旅游产品提供技术服务和支持，同时明确环保生态以及政策红线，督促各地依法依规规划建设旅游项目。强化政策支持，充分发挥财政资金的引导作用，下拨财政资金 5000 万元用于支持乌当羊昌·花画小镇等 50 个培育型旅游景区游客服务中心、生态停车场、游步道、旅游厕所、标识标牌等基础设施建设补助，引导各地加快完善旅游基础服务设施，提升旅游服务质量。坚持制度化、常态化检查 A 级景区，将 A 级旅游景区集中检查工作与"文明在行动·满意在贵州"旅游行业治理利剑行动、铁拳行动、安全检查等工作相结合，常态化开展 A 级旅游景区检查工作，对部分 4A 级旅游景区进行了暗访复核，拟将取消 1 家 4A 级、7 家 3A 级、1 家 2A 级旅游景区质量等级，对 4 家 4A 级旅游景区进行严重警告处理。贵州旅游服务质量评价平台于 2017 年 5 月 1 日上线，于 2017 年 10 月 31 日结束，持续 6 个月。活动期间，广大网友对旅游景区、旅游酒店、旅行社、旅游购物店、旅游客运、乡村旅游点、旅游餐饮、其他 8 个类别的环境、设施、服务等进行了广泛评价。截至 2018 年 9 月 17 日，共有超过 130 万人参与评价，收到了超过 220 万条评论。

表2　2018 年贵州省 88 县市区分数统计排名

名次	县市区	打分情况				A 级分布				其他备注
		分数	5A	4A	3A	2A	5A	4A	3A	2A	
1	西秀区	68	10	30	28		1	5	7		
2	盘州市	44		24	20			4	5		
3	播州区	42			42				14		
4	仁怀市	40		12	24	4		2	6	2	
5	赤水市	38		30	8			5	2		

名次	县市区	打分情况					A级分布				其他备注
		分数	5A	4A	3A	2A	5A	4A	3A	2A	
6	荔波县	38	10		28		1		7		
7	黎平县	34		6	28			1	7		
8	钟山区	32		12	20			2	5		
9	大方县	32	10	6	16		1	1	4		
10	兴义市	32		18	12	2		3	3	1	
11	南明区	30		18	12			3	3		
12	绥阳县	29		18	9	2		3	3	1	
13	花溪区	28	10	18				3			含贵安湖潮1个4A
14	汇川区	28		12	16			2	4		
15	水城县	28		6	6	10		1	3	5	
16	镇宁县	28	10	6	6		1	1	3		
17	凯里市	28		12	12			2	4		
18	江口县	26		18	18			3	2		
19	修文县	24		27	24			4			
20	平坝区	24		12	12			2	3		含贵安马场1个4A
21	都匀市	24		6	16	2		1	4	1	
22	平塘县	24		12	12			2	3		
23	龙里县	22		6	16			1	4		
24	兴仁市	22		6	16			1	4		
25	红花岗区	20		12	8			2	2		
26	石阡县	20		12	8			2	2		
27	贞丰县	20		12	8			2	2		
28	桐梓县	18		6	12			1	3		
29	习水县	18		18				3			
30	雷山县	16		12	4			2	1		
31	镇远县	16		12	1			2	1		
32	贵定县	16			16				4		
33	余庆县	14		6	8			1	2		

续表

名次	县市区	打分情况					A级分布				其他备注
		分数	5A	4A	3A	2A	5A	4A	3A	2A	
34	六枝特区	14		6	8			1	2		
35	织金县	14		6	8			1	2		
36	思南县	14		6	8			1	2		
37	沿河县	14		6	8			1	2		
38	锦屏县	14		6	8			1	2		
39	福泉市	14		6	8			1	2		
40	白云区	12		6	4	2		1	1	1	
41	乌当区	12		12				2			
42	开阳县	12		12				2			
43	湄潭县	12		12				2			
44	凤冈县	12		6	4	2		1	1	1	
45	关岭县	12			12				3		
46	万山区	12		12				2			
47	施秉县	12		12				2			
48	榕江县	12			12				3		
49	长顺县	12			12				3		
50	独山县	12			8	4			2	2	
51	瓮安县	12		6	4	2		1	1	1	
52	册亨县	12			12				3		
53	务川县	10		6	4			1	1		
54	紫云县	10		6	4			1	1		
55	七星关区	10		6	4			1	1		
56	赫章县	10		6	4			1	1		
57	威宁县	10		6	4			1	1		
58	碧江区	10		6	4			1	1		
59	松桃县	10		6	4			1	1		
60	从江县	10		6	4			1	1		
61	剑河县	10		6	4			1	1		

续表

名次	县市区	打分情况				A级分布				其他备注
		分数	5A	4A	3A	2A	5A	4A	3A	2A	
62	丹寨县	10		6	4			1	1		
63	黄平县	10		6	4			1	1		
64	惠水县	10		6	4			1	1		
65	纳雍县	8			8				2		
66	玉屏县	8			8				2		
67	麻江县	8			8				2		
68	三穗县	8			8				2		
69	罗甸县	8			8				2		
70	云岩区	6		6				1			
71	息烽县	6		6				1			
72	清镇市	6		6				1			
73	晴隆县	6		6				1			
74	正安县	4			4				1		
75	普定县	4			4				1		
76	金沙县	4			4				1		
77	黔西县	4			4				1		
78	印江县	4			4				1		
79	德江县	4			4				1		
80	岑巩县	4			4				1		
81	台江县	4			4				1		
82	三都县	4			4				1		
83	安龙县	4			4				1		
84	观山湖区	0									
85	道真县	0									
86	天柱县	0									
87	望谟县	0									
88	普安县	0									

　　勤抓精准营销，品牌推广战略大放异彩。2018年贵州省开展了旅游品牌形象全球推广活动。面向澳大利亚、新西兰、韩国、意大利、英国等地开展以"山地公园省·多彩贵州风"为主题的旅游文化推介；与《纽约时报》、CNN、FOX、BBC、ASTA等国际主流媒体就对外传播和旅游推介签署战略合作框架协议与合作意向书，大力开辟入境旅游市场。加强与《贵州日报》、多彩贵州网、《中国旅游报》等省内主要媒体的联动工作；联合中新社、《贵州日报》、多彩贵州网，加强对国际山地旅游联盟的系列宣传报道；在中国外交部"贵州省日"开展以"开放的中国：多彩贵州风行天下"为主题旅游推介，与20个国家和地区建立了旅游合作关系；建立"互联网+旅游"营销新机制，加强与人民网、新华网等重点新闻网站，凤凰、网易等商业网站，百度等搜索引擎，携程、途牛、去哪儿网等行业网站的合作互动，利用"两微一端"、影视植入等新技术、新媒体，策划主题多元的网络营销活动，密集推出形式多样的专栏和专题报道，形成全方位、多平台、立体化的宣传格局和多渠道、高密度、深层次的叠加效应，真正让多彩贵州风行天下。贵州省积极加入"南向通道旅游推广联盟"，融入"一带一路"旅游营销体系；以高水平举办了第十三届贵州旅游产业发展大会、2018国际山地旅游暨户外运动大会，参会嘉宾规模均为历届最高，贵州旅游国际影响力全面提升。以主宾省身份参加第三届丝绸之路国际博览会暨中国东西部合作与投资贸易洽谈会；在兰州市举行"山地公园省·多彩贵州风"精品旅游宣传推介和促销活动；以屯堡文化为纽带，针对江苏、安徽两省居民创新开展"多彩贵州寻亲之旅"主题营销活动；开展2018年避暑度假主题宣传推广活动和冬季度假旅游主题营销活动，针对广东、广西、福建、湖南、上海、浙江、江苏、重庆、四川等省份推出了旅游优惠政策；深挖贵州冬季旅游产品特色，推出温泉、滑雪、年俗等系列活动，开展冬季旅游主题营销，大大提升"山地公园省·多彩贵州风"知名度。

稳抓国家级景区效应，品牌影响力不断提升。2018年赤水河谷度假区成功创建国家级度假区，填补了贵州省没有国家级度假区的空白，品牌创建取得突破性进展。贵州省确定了遵义市桐梓尧龙山旅游度假区等9家单位为2018年省级旅游度假区创建试点单位，组织专家对瓮安草塘千年古邑旅游度假区、安顺多彩万象城旅游度假区、六盘水梅花山旅游度假区等7家省级旅游度假区创建单位进行现场评定。成功创建多彩贵州"风景眼"文创园景区等7家4A级旅游景区。各市州地区成功创建3A级旅游景区25个。据人民网舆情数据中心发布的"2018年上半年全国5A级旅游景区综合影响力排行榜TOP50"可知，贵州安顺黄果树大瀑布景区位列其中，美誉度指数较高，为71.06。"中国旅游影响力调查2018——贵州省影响力十大景区"，黄果树大瀑布景区以95.1的指数得分高居榜首，安顺市龙宫景区、毕节市百里杜鹃景区、黔南州荔波樟江景区均以指数得分超过80分列第二至第四名，第五至第十名分别为贵阳市青岩古镇景区、铜仁市梵净山景区、兴义市万峰林景区、黔东南州西江千户苗寨、黔东南州镇远古镇、黔南州小七孔景区。在2018年贵州旅业品牌评选颁奖盛典中，多彩贵州风景眼、东方科幻谷、大兴东国际旅游城、梵华里、时光贵州、多彩贵州街·出山里、乡愁贵州、龙里水乡旅游生态城、溪山里、天河潭旅游度假区入围"最具潜力文旅综合体"；百里杜鹃风景名胜区、西江千户苗寨景区、兴义万峰林景区、安顺黄果树景区、十二背后旅游风景区、织金洞世界地质公园、梵净山风景区、赤水丹霞旅游区、梅花山国际滑雪场、安顺龙宫景区入围"十佳创意营销景区"；花溪区、荔波县、赤水市、凯里市、丹寨县、镇远县、黎平县、贞丰县、平塘县、雷山县入围"最具活力旅游县（市区）"；枫叶谷温泉、保利温泉、息烽温泉、苗乡圣水温泉、振华万象温泉、石阡温泉、贵御温泉、九天温泉、白马峪温泉、龙里榕御温泉入围"十佳旅游康养温泉"；西江·苗界酒店、贵阳高新乾银和悦酒店、贵阳亨特索菲特酒店、朵芳阁桃源河酒店、贵阳安纳塔拉度假酒店、文凡·状元别院、贵阳中天凯悦酒店、大成精舍、和舍酒店、贵阳诺富特酒店入围"旅游品质酒店"；五彩黔艺·天河驿栈（天河潭）、循美半山（西江）、匠庐·阅山（黄果树）、黑探酒店（贵阳）、榕桥逸栈（兴义万峰林）、青岩城南旧事（花溪）、婵乐酒店（西江千户苗寨）、安顺旧州客栈、镇远镖局·李寻欢客栈、峰兮客栈（兴义万峰林）入围"最具特色民宿客栈"；百里杜鹃露营基地、赤水河谷旅游公路 A&B 区、三岔河国际汽车生态露营基地、荔波茂兰国际汽车营地、兴仁放马坪露营基地、普定秀水自驾车露营基地、钟山韭菜坪露营基地、清溪峡自驾车营地入围"最具体验性自驾露营地"；贵州旅游投资控股（集团）有限责任公司（贵州饭店）、贵州云龙旅游发展有限责任公司（龙里水乡旅游生态城）、贵州百里杜鹃旅游开发投资公司（百里杜鹃景区）、兴义市万峰林旅游集团有限公司（万峰林景区）、贵州织金洞旅游开发有限责任公司（织金洞旅游）、贵州三特梵净山旅业发展有限公司（梵净山旅游）、遵义交通旅游产业开发投资（集团）有限公司（赤水旅游）、安顺投资有限公司（旧州旅游）、贵州荔波旅游发展（集团）有限公司（大小七孔景区）、贵阳仟坤文创置业有限公司（梵华里）入选"本土最具活力旅游投资商"；花溪青岩古镇、丹寨万达小镇、习水土城古镇、安顺旧州古镇、凯里下司古镇、铜仁朱砂古镇、兴义绣梦小镇、平塘天文小镇、茅台小镇、龙里双龙镇入选"最具魅力旅游小镇"；凯里大型苗侗风情舞台秀《银·秀》、开阳云山茶海、贵安樱花园、赤水河谷、贵州醇景区、贵州骏驰国际赛车场、六盘水哒啦仙谷、乡愁贵州、凯里云谷田园、遵义1964文化创意园入选"旅游融合新业态"。

二、发展环境和趋势

近年来，尽管全球经济增速放缓、贸易摩擦日益频繁，但世界旅游经济仍然呈现稳步上升的态势，国内外旅游业发展环境良好。通过对贵州旅游发展趋势及预测分析，2019 年，贵州旅游将再启征程，以全域旅游示范省创建为统领，旅游接待人数将持续"井喷"，旅游总收入将保持高速增长，游客来源将更加广泛，文旅融合将成为激发贵州省旅游发展的新动力，旅游产业发展活力强劲，产品供给能力提升，旅游消费市场持续火热。

2018 年，虽然世界旅游人次、旅游收入、旅游投资保持稳定增长，但旅游区域差异更加明显，T20 国家旅游发展更加引人注目，"旅游+大数据"深度融合发展。旅游已成为全国人民日常必需，并且出境游逐渐成为中国消费者重要的休闲方式，入境游低速稳定发展。

（一）世界旅游发展现状与趋势

旅游人次与收入稳定增长。世界旅游城市联合会与中国社会科学院旅游研究中心共同发布的《世界旅游经济趋势报告（2019）》显示，2018 年，全年全球旅游总人次达 121 亿，同比增长 5.0%，较上年增加 5.8 亿人次；全球旅游总收入达 5.34 万亿美元，同比增长 3.1%，相当于全球 GDP 的 6.1%，较上年下降 0.4%。全球国际旅游人次达 12.79 亿，增速渐趋稳定在 4.0%左右；全球国际旅游收入达到 1.59 万亿美元，增速达 3.1%。全球国内旅游人次达 108.2 亿，增速达 5.1%；全球国内旅游收入达到 3.76 万亿美元，增速达 3.1%。预计 2019 年全球旅游总人次和旅游总收入增速将分别回升到 5.5%和 3.7%（见图 4）。

旅游区域差异更加明显。2018 年，世界旅游经济在五大区域的发展差异化更加明显①。从旅游总收入比较，2018 年全球旅游呈"三分天下"的态势，亚太地区、美洲、欧洲分别占 32%、31%和 30%；从

————————
① 根据联合国世界旅游组织分类，全球分为欧洲、美洲、亚太地区、非洲和中东五大区域旅游。

（百万美元）　　　　　　（%）　　（百万美元）　　　　　　（%）

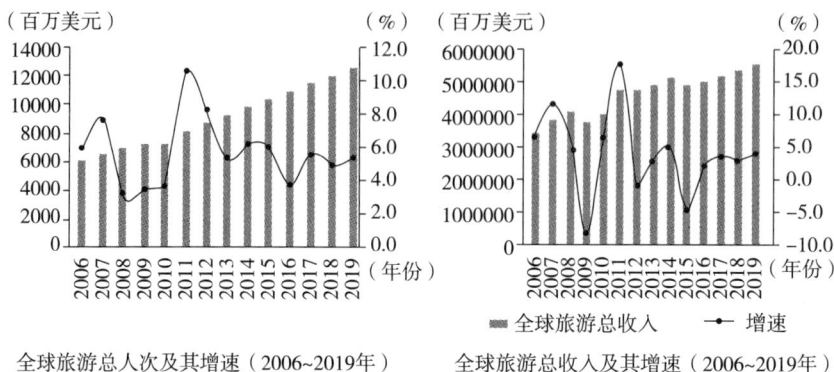

全球旅游总人次及其增速（2006~2019年）　全球旅游总收入及其增速（2006~2019年）

说明：2018年全球旅游总人次达121亿人次，增速为5.0%，与上年相比增速下降0.7个百分点

说明：2018年全球旅游总收入达5.34万亿美元，增速为5.34%

图4　世界旅游发展趋势

旅游总人次比较，亚太地区占比最高，占66%以上，欧洲和美洲均接近15%，非洲和中东占比总和不足4%。亚太地区逐渐成为全球旅游的新星，2018年旅游经济相当于地区GDP的比例达到10.6%，在全球名列首位，成为旅游发展对国民经济贡献最大的地区；入境和国内旅游实现双增长，全年接待了全球22.7%的入境游客，入境旅游收入占全球比重不断上升；国内旅游人次增速6.9%，分别比中东、非洲、欧洲和美洲高出3.2个、3.7个、5.7个和6.8个百分点。欧洲由于国家数量众多，依然是全球入境旅游的高地，但占比有所下降；全年接待了全球51.3%的入境旅游者，入境旅游收入在全球占比亦接近40%。

旅游投资保持稳定增长。2018年，全球旅游投资规模达9648.10亿美元、同比增长4.8%。亚太地区是全球旅游投资规模最大的地区，2018年亚太地区旅游投资规模占全球的38.7%，美洲和欧洲分别以28.7%和23.4%的份额居第二位和第三位。中东地区是全球旅游投资规模增长最快的地区，2018年达到5.4%，亚太地区、美洲和欧洲分别增长了5.2%、4.5%和4.2%，而非洲仅为2.6%（见图5）。

T20国家旅游发展引人注目。美国、中国、德国、日本、英国、印度、法国、意大利、墨西哥、西班牙、澳大利亚、巴西、加拿大、

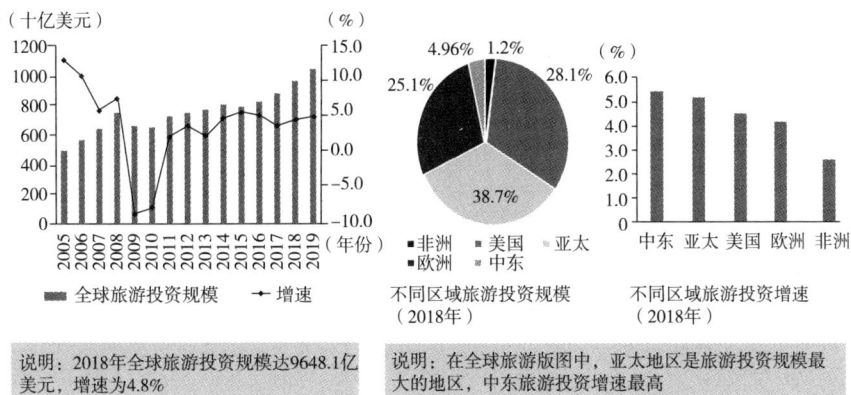

说明：2018年全球旅游投资规模达9648.1亿美元，增速为4.8%

说明：在全球旅游版图中，亚太地区是旅游投资规模最大的地区，中东旅游投资增速最高

图5　旅游投资保持稳定增长

泰国、韩国、土耳其、菲律宾、俄罗斯、瑞士、奥地利20个国家2018年旅游总人次和旅游总收入占全球的比例分别高88%和78%。2012年以来，美国、中国、德国、日本、英国一直占据旅游总收入前五名。

"旅游+大数据"深度融合发展。从支付方式来看，电子钱包打破信用卡的主导地位，成为最常用的支付方式，信用卡和借记卡成为第二和第三大支付手段。2018年，电子钱包支付频次占总支付方式频次的36%，信用卡和借记卡分别占23%和12%。亚太地区的电子支付发展迅速，中国的移动支付发展尤为引人注目。从行业发展来看，在线旅行社在人们旅游中的作用越发明显，并且巨头之间的"合纵连横"、并购加速使该行业的集聚度提升，越来越向移动端转移、向智能化转变，国际版图也在不断扩大。

（二）中国旅游发展现状与趋势

2018年，国内旅游人数55.39亿人次，比上年同期增长10.8%；入出境旅游总人数2.91亿人次，同比增长7.8%；全年实现旅游总收入5.97万亿元，同比增长10.5%。初步测算，全年全国旅游业对GDP的综合贡献为9.94万亿元，占GDP总量的11.04%。旅游直接就业2826万人，旅游直接和间接就业7991万人，占全国就业总人口的 10.29%。

旅游已成为全国人民的日常活动。党的十九大指出，我国社会主要矛盾已经转化为人民日益增长的美好生活需要和不平衡不充分的发展之间的矛盾。2018 年，全国生产总值超过 90 万亿元，同比增长 6.6%，人均国内生产总值 64644 元，已接近 10000 美元；居民人均可支配收入达 28228 元，实际增长 6.5%；人均消费支出 19853 元，实际增长 6.2%。按照国外的发展经验，人均 GDP 达到 1000 美元就进入了文化消费的快速启动阶段，人均 GDP 超过 3000 美元进入文化消费的快速增长阶段，人均 GDP 超过 5000 美元时会出现对文化消费的"井喷"，中国经济社会长期以来的稳定发展和人民收入稳步提升，旅游已成为人们生活常态和刚需，"世界那么大，我想去看看"。2018 年，国内旅游人数 55.39 亿人次，人均旅游 4 次；国内旅游收入 5.13 万亿元，同比增长 12.3%；旅游人均花费 1078 元（见图 6）。

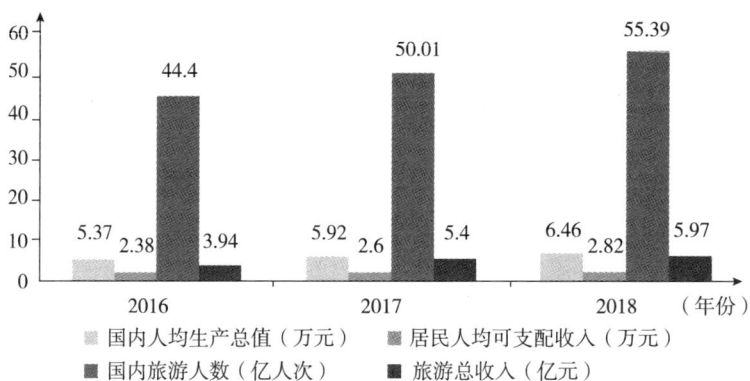

图 6 中国人均生产总值、人均收入与旅游经济发展情况

入境游低速稳定。如图 7 所示，2018 年，中国入境旅游人数达 14120 万人次，比上年同期增长 1.2%；入境过夜旅游人数 6290 万人次，同比增长 3.6%；国际旅游收入 1271 亿美元，比上年同期增长 3.0%。从游客来源地看，香港地区仍是入境游主力，全年香港游客入境游 7937 万人次，占全部入境游客总数的 56.2%，入境过夜香港游客

2820 万人次，占全部入境过夜游客的 44.8%。亚洲及周边国家仍是我国入境外国游客重要来源地，2018 年入境外国游客人数 4795 万人次（含相邻国家边民旅华人次），亚洲占 76.3%，美洲占 7.9%，欧洲占 12.5%，大洋洲占 1.9%，非洲占 1.4%，缅甸、越南、韩国、日本、美国、俄罗斯、蒙古国、马来西亚、菲律宾、新加坡、印度、加拿大、泰国、澳大利亚、印度尼西亚、德国、英国（其中缅甸、越南、俄罗斯、蒙古国、印度含边民旅华人数）等国家分列前 17 位。从入境旅游方式看，船舶占 3.3%、飞机占 17.3%、火车占 1.4%、汽车占 22.3%、徒步占 55.7%。从旅游目的看，入境外国游客人数中，会议商务占 12.8%、观光休闲占 33.5%、探亲访友占 2.8%、服务员工占 15.5%、其他占 35.3%。从游客年龄结构和性别看，入境外国游客人数中，14 岁以下人数占 3.4%、15～24 岁占 13.7%、25～44 岁占 49.9%、45～64 岁占 28.4%、65 岁以上占 4.6%；按性别分，男性占 59.6%、女性占 40.4%。

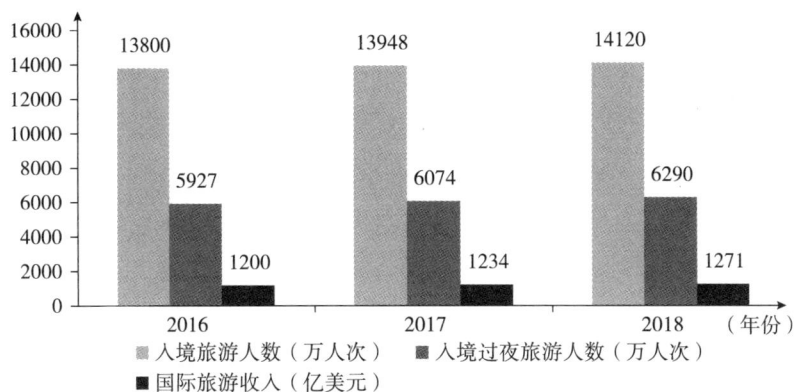

图 7　中国入境旅游人数和收入情况

出境游逐渐成为中国消费者重要的休闲方式（见图 7）。2018 年，中国公民出境旅游人数 14972 万人次，同比增长 14.7%，中国游客的足迹触及了全球 192 个国家和地区，俄罗斯、柬埔寨、欧洲各国在中国游客的旅行清单上热度越来越高，甚至成为南极游第二大客源国。来自阿里巴巴集团旗下旅行平台飞猪此前发布的《2018 年度旅行报告》显示，中国消费者看世界的方式也越来越多样化，看球赛、美食、户外运动等主题游备受青睐，2018 年世界杯期间，俄罗斯旅行人次同比增长超过 200%；出境旅游的美食、SPA、足浴等商品预订增长超过 200%。同时，中国出境游客人均消费排名世界第一，大幅领先其他国家。

2019 年，我国宏观经济和居民收入大概率保持中高速增长，在新一轮个税改革和中央一系列促进和激发居民消费潜力的政策促进下，旅游消费活力将进一步蓄积和释放，文旅融合经济效应将开始释放。但国际国内经济下行风险加大，国内旅游投资增长乏力，企业债务风险时有发生，居民负债和高杠杆可能挤出社会消费。因此，预计 2019 年国内旅游人数和国内旅游收入增速将可能下滑到 10% 左右，国内旅游人数可突破 60 亿人次，国内旅游收入达到 5.6 万亿元左右。从消费上看，游客有消费意愿，但消费决策更加谨慎，全国游客人均消费将可能有所下降。从行业来看，酒店和民宿等竞争将更加激烈，近年来，酒店业受到民宿业的冲击，其利润已下降，2019 年酒店业的日子将会更加难过，而民宿投入产出越来越低，回本越来越困难，多数民宿陷入不继续投资就前功尽弃，继续投资又前路茫茫的境地。旅行社的利润受到进一步的挤压，加上旅行社还要向电商付佣金及推广费，国内旅游的利润几近于零。2018 年是文旅融合元年，文化和旅游两个系统的合并，标志着 2019 年在政府层面文旅融合已经全面完成，而更深层次的文旅融合则在 2019 年开启探索。2019 年的文旅融合，将从最基本的景区文化产品与文化推广开启，故宫文化在岁末很好地为文旅发展上了一课，在景点景区文化挖掘、文化与市场对接、文化产品设计、文化社群营造等方面都做出了非常有益的探索，未来这一块的市场还很大，紧缩于文化内部与龟缩于旅游行业的人们需要联手来开拓市场。文化项目的活化、IP 的创造与传承将成为 2019 年文旅融合的重要领域。

三、2019 年贵州旅游再启征程

2019 年，贵州加快旅游供给侧结构性改革，加快补齐短板，着力探索有效供给旅游产品，贵州旅游接待人数将持续"井喷"，旅游总收入将保持高速增长，游客来源将更加广泛，文旅融合将成为激发贵州省旅游发展的新动力。

（一）加快补齐短板

尽管贵州省旅游业发展持续"井喷"，但是也面临一些问题和不足，需要不断完善和改进。例如，旅游产品业态不够完善，旅游线路开发设计缓慢，高端旅游产品供给更是严重不足，景区周边的旅馆、餐馆等环境与城市相比存在较大差距，游客购物环境较差，旅游商品种类较少、档次低、缺乏地方特色，景区缺乏游客可参与的、娱乐性强的消费项目。2019 年，贵州省将围绕打造山地旅游升级版，大力发展全域旅游，重点提升对外交流合作和宣传推介水平；推动休闲旅游多组团、特色化发展，进一步打造"黄果树休闲旅游组团""梵净山生态文化度假旅游组团""百里杜鹃—织金洞—威宁草海休闲养生组团"等各具特色、有影响力的休闲旅游组团；高品质开发山地旅游业态，培育壮大温泉康养、森林康养等旅游产品；高标准优化山地旅游服务，大力推广实施贵州省乡村旅游村寨、客栈等地方标准；深入推进"厕所革命"等，高水平完善山地旅游设施，加快建设"快旅慢游"体系，从而为游客提供优质服务。

（二）贵州旅游发展趋势及预测分析

旅游接待人数将持续"井喷"。2012～2018 年，贵州旅游业发展进入"井喷"增长阶段，从旅游人次变化趋势看，2017 年接待游客达

7.44亿人次，首次超越湖南、四川，领跑周边省份（见图8）。

（亿人次）

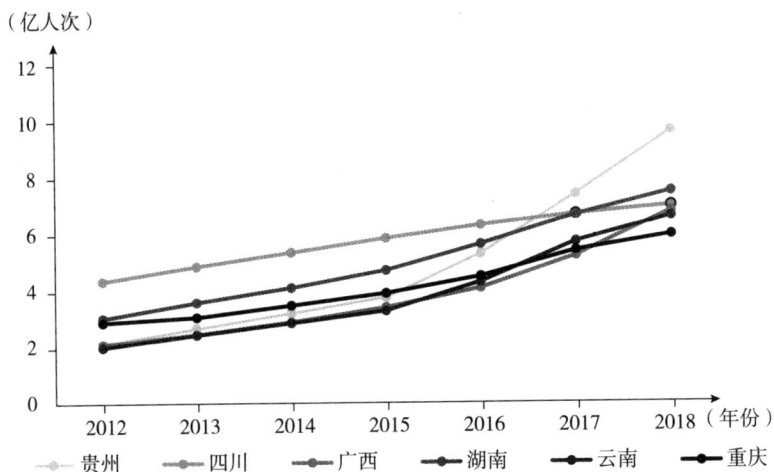

图8 2012~2018年贵州及周边省份旅游人次变化趋势

为了对贵州旅游市场进行更进一步预测和研判，采用GM模型对旅游接待人次进行预测。之所以采用灰色预测模型进行预测，是因为它具有"少数据、不确定性"的特点。灰色模型又简称GM模型，是灰色系统理论的基本模型，本书具体使用的是GM（1，1）模型。灰色模型按照建模思想，通过生成灰色序列的作用对随机性进行弱化，挖掘潜在规律，通过灰色方程实现离散数据序列建立连续动态微分方程的新飞跃。由于此模型中近期年份的数据对预测值影响较大，故采用2012~2018年游客量作为预测2019年游客量的指标，得出2020年游客接待量预测值为16.48亿人次，2022年游客预测值为28.93亿人次，采用同样的方法对四川、广西、湖南、云南、重庆进行预测，预测结果见图9。从图9中可以看出，按照目前贵州旅游的发展势头，到2022年贵州旅游年接待量将会全面超越周边省份，贵州与周边5省份差距将进一步扩大。

旅游总收入将保持高速增长。从旅游年收入增长变化趋势看（见图10、图11），2017年以前，贵州旅游年收入和云南、湖南形成"互相追赶""此起彼伏"的变化趋势。但是，2018 年贵州省旅游总收入达 9471.03 亿元，实现了对云南和湖南的超越，四川以 10112.75 亿元继续"领跑"，贵州和长期保持领先的四川差距进一步缩小，仅比四川少 641.72 亿元。

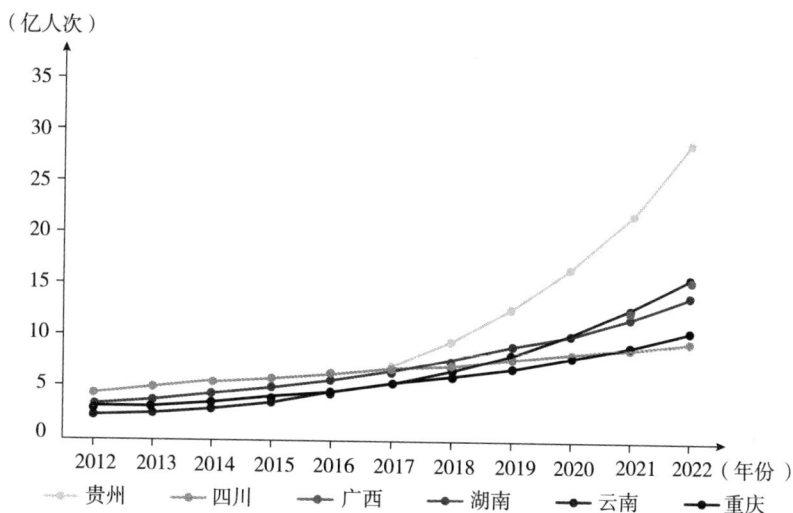

图 9　贵州及其周边省份旅游接待人次预测值变化趋势

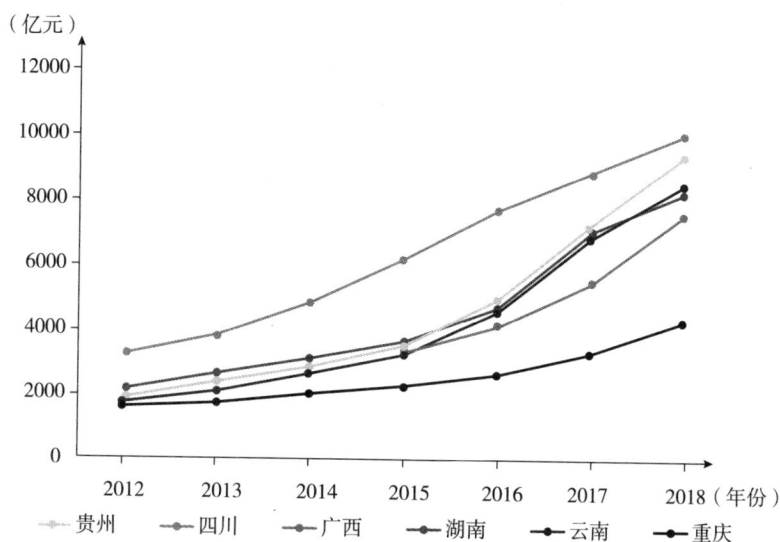

图 10　2012~2018 年贵州及周边省份旅游收入变化趋势

为了更进一步分析贵州旅游收入和周边省份未来几年内的变化趋势，同样采用GM（1，1）模型对贵州及其周边5省份旅游收入进行预测分析，预测结果显示，2020年贵州旅游总收入将达到16655.64亿元，实现对周边5省份的全面超越，云南则紧跟贵州步伐，排名第二。

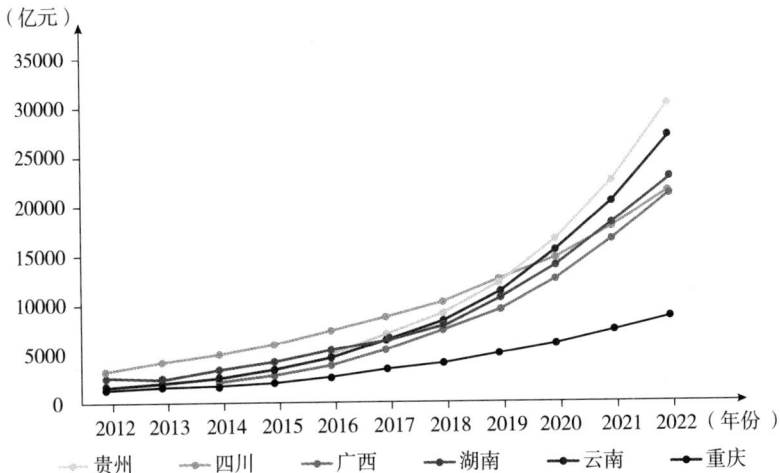

图11 贵州及其周边省份旅游收入预测值变化趋势

游客来源将更加广泛。从境外入黔游客构成来看，2018年中国台湾、中国香港、韩国、马来西亚、美国、越南、中国澳门、新加坡等国家和地区分列前10位，是主要境外客源地，老挝、泰国、加拿大、孟加拉、澳大利亚、俄罗斯、印度等国家来黔旅游数量和增速也在大幅度提升。同时，从外省入黔游客的数量和构成来看，广东、浙江、江苏、四川、重庆、云南、湖南、上海、广西、福建、湖北、山东12省份入黔游客均超过千万人次。2019年，在全省旅游宣传、推介、交流工作进一步加强的情况下，贵州将吸引更多国家和地区的游客入黔旅游。

文旅融合将成为激发贵州省旅游发展的新动力。2019年春节期间，全省依托"文化千岛"资源优势，开展"非遗过大年"活动，首次在黄金周策划推出文化旅游活动近1000项。省各级图书馆、美术馆、博物馆等开展"网络书香过大年"和"美好生活"公共数字文化走基层活动。贵州省博物馆"古物留影，墨拓精华"拓片体验活动、贵阳孔学堂春节文化庙会、遵义2019年龙王争霸赛、六盘水滑雪场音乐雪屋DJ秀、安顺抬汪公、毕节少数民族斗牛、铜仁"美丽梵净山·寨沙幸福年"、黔东南侗族大歌欢唱新年、黔西南"苗族跳坡节"、黔南"茶博园黔南民族非遗大庙会"非遗展示、仁怀白酒品牌主题日、威宁县的"2019年春节灯谜竞猜"等活动以文化丰富旅游内涵，以旅游扩大文化传播，让国内外游客大饱眼福、流连忘返，春节期间，贵州省实现旅游总收入155.8亿元，同比增长34.6%，过夜游客达113.38万人次，文化和旅游融合初显成效。随着贵州省《加快文化和旅游产业发展的意见》出台，"以文促旅""以旅彰文""和合共生"等30项重点工作推进，以及镇远古城、赤水丹霞、织金洞、西江千户苗寨、万峰林等创建AAAAA级旅游景区；水城野玉海、黎平肇兴、花溪天河潭创建国家级旅游度假区，国家全域旅游示范区创建，国家全域旅游示范区省级验收，六盘水创建国家公共文化服务体系示范区，黔东南国家级生态文化实验区建设，力争一批城市获得旅游休闲城市认定，推动以全域旅游示范省创建为统领的工作创新在全国立示范、做引领，2019年重点工作的开展，将有力推动贵州文化和旅游融合高质量发展。

（三）推进全域山地旅游发展

2019年，贵州紧紧围绕构建"山地公园省·多彩贵州风"目标，优化旅游发展布局，大力推进山地旅游全域化发展，加快构建"十区、四带"为重点的全域化山地旅游发展新格局，按照"一市（州）一特"的差异化、主题化发展的要求，着力推进贵阳、遵义、六盘水、安顺、毕节、铜仁、黔东南州、黔南州、黔西南州、贵安新区十大自然景观和民族文化为特色的山地旅游主体功能区建设，实现旅游全域化发展。

现阶段贵州以新发展理念为引领，以旅游业供给侧结构性改革为主线，着力以高品质开发山地旅游业态，推动"旅游+"产业发展，促进旅游业从观光游向体验游转变，从景点游向全域游转变，为游客提供更高品质的旅游体验。以脱贫攻坚统揽旅游发展大局，按照山地旅游主体功能区布局，统筹推进"旅游+"融合发展，深入推进旅游业供给侧结构性改革，不断提升旅游品质内涵，纵深推进全域旅游，使贵州省各地旅游业持续保持"井喷"发展。

贵州省重点旅游景区发展报告

蔡 伟[*]

摘 要：近年来，贵州省把山地旅游作为落实习近平总书记重要指示精神和"守底线、走新路、奔小康"的重要抓手，"举山地旗、走全域路"全面推动旅游发展。2018 年，贵州省接待游客 9.69 亿人次，同比增长 30.2%，旅游总收入达到 9471.03 亿元，同比增长 33.1%，旅游业连续三年实现井喷式增长，贵州省 A 级旅游景区达 359 个。其中，遵义市赤水河谷度假区成功创建国家级旅游度假区，实现了贵州国家级旅游度假区零的突破、填补了没有国家级旅游度假区的空白；铜仁市梵净山旅游区荣膺世界自然遗产，贵州成为全国世界自然遗产数量最多的省份。2019 年，贵州将深入推进旅游供给侧结构性改革，继续加快推进重点旅游景区建设，着力补齐旅游短板，丰富旅游产品，助推全省旅游接待人数保持高速增长，旅游总收入持续"井喷"。

关键词：旅游景区；发展；贵州

贵州神奇秀美的自然风光、举世闻名的红军长征文化、浓郁神秘的民族风情，以及冬无严寒、夏无酷暑的宜人气候，使其成为理想的旅游观光和休闲度假胜地，2016 年贵州在全国率先开展的全省旅游资源大普查显示，贵州省旅游资源多达 8.27 万处。近年来，贵州按照"全景式规划、全季节体验、全产业发展、全方位服务、全社会参与、

---

* 蔡伟，贵州省社会科学院工业经济研究所副研究员。

全区域管理"的全域旅游发展理念，以打造国际知名山地旅游目的地和创建全域旅游示范省为目标，依托宜人生态气候、秀丽山水风光、浓厚民族风情、多彩特色文化等旅游资源，以旅游"1+5 个 100 工程"建设为抓手，加快推进重点旅游景区项目建设，打造形成步步为景、时时可游，游之舒心、心旷神怡的"醉美多彩"贵州旅游新空间，营造美好旅游环境吸引八方宾客前来观光旅游的同时，直接或间接推动广大农村地区交通条件、村容村貌、整体环境的改善，服务当地脱贫攻坚和经济社会发展。

一、发展现状

2018 年，贵州省大力推进旅游业供给侧结构性改革，加大旅游投资力度，以精品旅游景区为重点加快推进旅游景区建设，加快完善旅游景区游客服务中心、生态停车场、游步道、旅游厕所、标识标牌等旅游基础服务设施，推动贵州省旅游景区提档升级取得显著成效。

（一）旅游景区创 A 升 A 成效显著

2018 年，贵州省旅游累计完成投资 261.98 亿元，其中精品旅游景区完成投资 153.37 亿元，占旅游累计完成投资的 58.5%。全年新增 18 家 4A 级旅游景区、4 家省级旅游度假区、8 家高端温泉；梵净山申遗成功并顺利晋升为国家 5A 级旅游景区、贵州成为全国世界自然遗产数量最多的省份；遵义赤水河谷荣获国家级旅游度假区称号，成为全国 27 个国家级旅游度假区之一，实现贵州零的突破；世界最长的梅花山索道及野玉海世界首座三层螺旋盘跨式单轨桥观光小火车投入使用。截至 2018 年底，贵州省拥有世界自然遗产地 4 个，国家级风景名胜区 18 个，国家级自然保护区 11 个，国家地质公园 10 个，国家湿地公园 45 个。A 级景区数量从 2016 年的 151 个增加至 359 个，两年增长了 1 倍多（见图 1）。

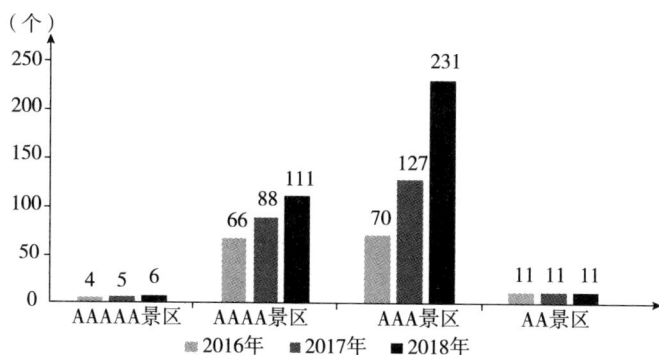

图 1　2016~2018 年贵州 A 级景区数量情况

（二）全域旅游发展格局基本形成

2018 年，从地区分布来看贵州省 A 级景区按数量多少的分布依次为：遵义市 90 个，黔东南州 56 个，黔南州 45 个，毕节市 34 个，铜仁市 28 个，六盘水市、安顺市、黔西南州分别为 27 个，贵阳市 24 个，贵安新区 1 个。从景区的等级来看，贵阳市景区等级最高，4A 及以上景区占 A 级景区比重为 91.2%；安顺市景区等级质量次之，占比为 24%；两市的景区分布质量较高。黔南州的景区呈现倒"U"形分布，即 5A 级和 2A 级景区分布少，3A 级景区较多，3A 级景区占比达到 73.3%，景区质量主要为中等质量。遵义市景区数量最多，但主要集中在中等水平，3A 级景区占比达到 68.9%，全市范围内没有一家 5A 级景区。黔西南州的景区也仅是中等等级，3A 级景区占 70%，全州范围内没有 5A 级和 2A 级景区（见表 1）。

表 1　贵州省国家级 A 级景区区域分布

单位：个

地区	5A 景区	4A 景区	3A 景区	2A 景区	合计景区
贵阳市	1	18	5	0	24
遵义市	0	25	62	3	90

续表

地区	5A 景区	4A 景区	3A 景区	2A 景区	合计景区
六盘水	0	10	12	5	27
安顺市	2	10	15	0	27
毕节市	1	6	27	0	34
铜仁市	1	11	16	0	28
黔东南	0	14	42	0	56
黔南州	1	8	33	3	45
黔西南州	0	8	19	0	27
贵安新区	0	1	0	0	1
合计景区	6	111	231	11	359

2018 年贵州省接待游客 9.69 亿人次，同比增长 30.2%，旅游总收入达到 9471.03 亿元，同比增长 33.1%。从各地区旅游业发展态势看，9 个市（州）旅游总收入年均增长速度均超过 30%，远高于当地 GDP 增速。其中，六盘水旅游总收入 301.06 亿元、规模排名全省最后，但年均增速达 60.0%、排名第一；贵阳市旅游总收入 2456.56 亿元，规模排名第一，但年均增速为 33.2%、排名最末（见表 2）。

表 2　贵州省旅游总收入及其区域分布

	2015 年	2016 年	2017 年	2018 年	年均增速（%）
全省	3512.82	5027.54	7116.81	9471.03	39.2
贵阳市	1040.53	1389.51	1871.95	2456.56	33.2
六盘水市	73.82	124.65	200.49	301.06	60.0
遵义市	547.09	792.73	1143.20	1557.20	41.7
安顺市	378.35	545.96	764.67	1035.41	39.9
毕节市	312.56	444.46	641.71	937.12	44.2
铜仁市	240.18	347.30	517.93	743.97	45.8
黔西南州	140.12	226.21	342.50	509.01	54.0

续表

	2015 年	2016 年	2017 年	2018 年	年均增速（%）
黔东南州	387.19	553.68	777.75	937.23	34.3
黔南州	422.59	603.04	855.23	1066.54	36.2

（三）景区建设加快推进、旅游业态日益丰富

2018 年，贵州省按照全域旅游和"山地旅游+多产业"融合发展理念，以旅游"1+5 个 100"工程为抓手，结合"四在农家·美丽乡村"基础设施建设升级版、人居环境改善工程等，积极推进"旅游+城镇、旅游+文化、旅游+工业、旅游+交通、旅游+体育、旅游+康养、旅游+林业、旅游+科技、旅游+教育、旅游+水利"等融合发展，大力发展以遵义海龙囤世界文化遗产、镇远历史文化名城、习水土城、黄平旧州历史文化名镇，锦屏隆里、黎平肇兴历史文化名村等为代表的历史文化体验旅游景区建设；加快推进苟坝红色文化旅游创新区、修文阳明文化园、大屯堡旅游景区等为代表的文化旅游景区建设；建成推出六盘水市娘娘山景区科普宣教馆、大洞竹海景区古法造纸体验馆，铜仁市梵净山景区世界自然遗产展览馆、云舍旅游景区云舍乡愁馆、朱砂古镇景区文旅影视城等新项目；加快推进花溪青岩古镇、六枝郎岱古镇、仁怀茅台酒镇、西秀区旧州古镇、雷山西江苗寨等特色小镇建设；水城古镇、奢香古镇、万达小镇、永宁小镇等一批文旅融合小镇不断成长；湄潭茶海休闲度假旅游景区、凯里云谷田园生态农业旅游综合体、盘县娘娘山国家湿地公园等农业旅游景区加快转型；万山九丰农业博览园、安顺东方田园综合体、百里杜鹃彝山花谷等一批新建成的农旅融合景区成功问市；贵州大健康中国行普定孵化园、贵州百鸟河中医药旅游度假养生谷成功入选国家中医健康旅游示范基地创建单位；积极推进《国家"十三五"旅游业发展规划》明确的乌江风

景道、西江风景道、武陵山风景道贵州段的开发建设；建成推出乌蒙大草原低空飞行、野玉海山地旅游度假区七彩滑道、大洞竹海景区丛林穿越等一批体育旅游项目；万山朱砂古镇、六盘水三线建设博物馆等一批工业旅游项目建设成效明显；中国天眼、贵阳高新区大数据创客公园等科普旅游项目影响力不断增强；沿河乌江黎芝峡景区、兴义万峰湖、镇远下舞阳河等水利旅游景区成功创建国家4A级旅游景区。

（四）四季旅游格局基本形成

2018年，贵州以景区建设为载体，推出了滑雪、温泉、年味等一系列旅游产品，"春赏花、夏避暑、秋风情、冬康养"四季全时旅游格局基本形成。2017年12月1日至2018年2月28日，贵州省共接待游客1.59亿人次，旅游综合收入158.92亿元，同比分别增长32.4%、35.6%；贵州省纳入重点监测的33个温泉景区，接待游客296.42万人次，同比增长34.3%，门票收入7.32亿元，同比增长56.0%，其中减免门票4053.01万元；贵州省滑雪景区接待游客23.27万人次，同比增长31.5%，门票收入4368.65万元、同比增长33.7%，其中减免门票1001.88万元。2018年春季（2018年3月）以杜鹃花、油菜花、樱花等为主要吸引物的54家景区共接待赏花游客754.82万人次，同比增长36.4%，旅游综合收入23.61亿元，同比增长46.9%；毕节百里杜鹃景区、贵安新区樱花园等景区日均接待游客超过万人。"多彩贵州·寻亲之旅"主题旅游（2018年6月1日至7月15日）接待江苏游客595.07万人次，同比增长45.7%；接待安徽游客83.05万人次，同比增长31.3%；入黔的江苏、安徽车辆达到24.42万车次，高速公路免通行费766.16万元，流量同比增加56.4%。2018年暑期（7月1日至8月31日），在广东、广西、福建等10个省份来黔避暑度假给予优惠政策的助力，共接待游客2.14亿人次，同比增长30.4%，实现旅游总收入2436.85亿元，同比增长33.5%；为10省份游客减免门票 3.18 亿元、减免高速公路通行费 2.34 亿元，10 省份游客在黔旅游花费 710.69 亿元，同比增长 49.6%；黄果树、西江千户苗寨、荔波漳江、梵净山等主要景区多日达到最大承载量，其中黄果树、荔波漳江、西江千户苗寨日均接待量均超过 1 万人次，黄果树有 25 天、荔波漳江有 14 天、西江千户苗寨有 15 天，日接待量超过 3 万人次。

（五）景区基础服务设施进一步完善

2018 年，贵州省建成景区连接外部交通主干公路 34 条、景区主干道 45 条、生态旅游步道 65 条、游客服务中心 38 个、购物场所 78 家、停车场 102 个，新增车位 1.07 万个、旅游标识牌 2189 块。"厕所革命"新三年计划实现良好开局，全年安排 7387 万元国家旅游发展基金和省级旅游发展专项资金用于旅游厕所建设补助，带动完成投资 6.8 亿元，新建改扩建旅游厕所 1209 座，完成年度目标任务的 151.13%。贵州省旅游"1+5 个 100 工程"累计新增酒店 31 家，客房 1356 间，床位 2766 张；新增客栈 41 家，客房数 293 间，床位数 445 张，餐饮面积 9580 平方米；建设餐饮场所 94 个，面积 10320 平方米。旅游安全监控体系取得新突破。"云游贵州"APP、"行游贵州"上线运行并开通了 96972 服务热线、旅游直播间，为游客提供主要景区预警信息等服务，旅游公共服务智能化、特色化、多元化水平明显提升。

（六）景区品牌影响力不断增强

2018 年，赤水河谷度假区成功创建国家级度假区，填补了贵州省没有国家级度假区的空白，品牌创建取得突破性进展。贵州省确定了遵义市桐梓尧龙山旅游度假区等 9 家单位为 2018 年省级旅游度假区创建试点单位，组织专家对瓮安草塘千年古邑旅游度假区、安顺多彩万象城旅游度假区、六盘水梅花山旅游度假区等 7 家省级旅游度假区创建单位进行现场评定。成功创建多彩贵州"风景眼"文创园景区等 7

家 4A 级旅游景区。各市州成功创建 3A 级旅游景区 25 个。据人民网舆情数据中心发布的"2018 年上半年全国 5A 级旅游景区综合影响力排行榜 TOP50"，贵州安顺黄果树大瀑布景区位列其中，美誉度指数较高，为 71.06。"中国旅游影响力调查 2018——贵州省影响力十大景区"，黄果树大瀑布景区以 95.1 的指数得分高居榜首，安顺市龙宫景区、毕节市百里杜鹃景区、黔南州荔波樟江景区均以指数得分超过 80 分列第二至第四名，第五至第十名分别为贵阳市青岩古镇景区、铜仁市梵净山景区、兴义市万峰林景区、黔东南州西江千户苗寨、黔东南州镇远古镇、黔南州小七孔景区。在 2018 年贵州旅业品牌评选颁奖盛典中，多彩贵州风景眼、东方科幻谷、大兴东国际旅游城、梵华里、时光贵州、多彩贵州街·出山里、乡愁贵州、龙里水乡旅游生态城、溪山里、天河潭旅游度假区入围"最具潜力文旅综合体"；百里杜鹃风景名胜区、西江千户苗寨景区、兴义万峰林景区、安顺黄果树景区、十二背后旅游风景区、织金洞世界地质公园、梵净山风景区、赤水丹霞旅游区、梅花山国际滑雪场、安顺龙宫景区入围"十佳创意营销景区"；花溪区、荔波县、赤水市、凯里市、丹寨县、镇远县、黎平县、贞丰县、平塘县、雷山县入围"最具活力旅游县（市区）"；枫叶谷温泉、保利温泉、息烽温泉、苗乡圣水温泉、振华万象温泉、石阡温泉、贵御温泉、九天温泉、白马峪温泉、龙里榕御温泉入围"十佳旅游康养温泉"；西江·苗界酒店、贵阳高新乾银和悦酒店、贵阳亨特索菲特酒店、朵芳阁桃源河酒店、贵阳安纳塔拉度假酒店、文凡·状元别院、贵阳中天凯悦酒店、大成精舍、和舍酒店、贵阳诺富特酒店入围"旅游品质酒店"；五彩黔艺·天河驿栈（天河潭）、循美半山（西江）、匠庐·阅山（黄果树）、黑探酒店（贵阳）、榕桥逸栈（兴义万峰林）、青岩城南旧事（花溪）、婵乐酒店（西江千户苗寨）、安顺旧州客栈、镇远镖局·李寻欢客栈、峰兮客栈（兴义万峰林）入围"最具特色民宿客栈"；百里杜鹃露营基地、赤水河谷旅游公路 A&B

区、三岔河国际汽车生态露营基地、荔波茂兰国际汽车营地、兴仁放马坪露营基地、普定秀水自驾车露营基地、钟山韭菜坪露营基地、清溪峡自驾车营地入围"最具体验性自驾露营地";贵州旅游投资控股（集团）有限责任公司（贵州饭店）、贵州云龙旅游发展有限责任公司（龙里水乡旅游生态城）、贵州百里杜鹃旅游开发投资公司（百里杜鹃景区）、兴义市万峰林旅游集团有限公司（万峰林景区）、贵州织金洞旅游开发有限责任公司（织金洞旅游）、贵州三特梵净山旅业发展有限公司（梵净山旅游）、遵义交通旅游产业开发投资（集团）有限公司（赤水旅游）、安顺投资有限公司（旧州旅游）、贵州荔波旅游发展（集团）有限公司（大小七孔景区）、贵阳仟坤文创置业有限公司（梵华里）入选"本土最具活力旅游投资商";花溪青岩古镇、丹寨万达小镇、习水土城古镇、安顺旧州古镇、凯里下司古镇、铜仁朱砂古镇、兴义绣梦小镇、平塘天文小镇、茅台小镇、龙里双龙镇入选"最具魅力旅游小镇";凯里大型苗侗风情舞台秀《银·秀》、开阳云山茶海、贵安樱花园、赤水河谷、贵州醇景区、贵州骏驰国际赛车场、六盘水哒啦仙谷、乡愁贵州、凯里云谷田园、遵义1964文化创意园入选"旅游融合新业态"。

（七）乡村旅游提质升级助力脱贫攻坚成效显著

2018年，贵州省乡村旅游的自然村寨突破3000个、农家乐近1万家，接待游客4.62亿人次，占全省接待游客的47.7%，实现旅游收入1572.79亿元，占全省旅游收入的22.7%，同比分别增长33.61%、36.59%；提升和新推出1710个乡村旅游村（提升292个乡村旅游村、新推出1418个乡村旅游村），发展乡村旅游的村寨达3345个，占全省30户以上自然村寨数的3.27%；建成全国休闲农业与乡村旅游示范县10个、全国休闲农业与乡村旅游示范点20个。同年，贵州深入实施旅游扶贫九项工程和"百区千村万户"乡村旅游扶贫工程，并将贵阳市开阳县马头村、遵义市播州区花茂村、六盘水市盘州市舍烹村等 20 个村（寨）作为贵州省 2018 年乡村旅游典型示范进行打造，至此有 2422 个贫困村被纳入全国《乡村旅游扶贫工程行动方案》，覆盖建档立卡贫困户 32 万户、贫困人口 107 万人，乡村旅游发展助推 30.3 万贫困人口受益增收。完成了 40 个旅游扶贫子基金项目审批，金融机构审批金额 42.03 亿元，完成投资 39.89 亿元，使用基金 20.29 亿元。六盘水野玉海景区旅游设施建设项目、贵州省黔东南州从江县銮里景区基础设施建设项目等 32 个项目争取中央资金支持，仁怀市中国酒都·华夏民族酒文化博览园建设项目、龙里县龙里水乡旅游生态城项目、务川县石朝扶贫旅游建设项目、六枝特区牂牁江景区文化旅游扶贫项目、水城县水城悠然山居乌蒙康养小镇建设项目、毕节市织金洞风景名胜区升级改造项目 6 个项目被纳入全国金融支持旅游扶贫重点项目名单。贵州省旅游发展委员会下拨 5000 万元用于支持乡村旅游示范点的游客服务点（中心）、停车场等基础设施建设。组织 110 名乡村旅游发展重点村村官或致富带头人参加了国家旅游局组织的乡村旅游扶贫专题培训班，建立起贵州省旅游发展委员会全体干部职工对口联系 65 个贫困县的工作机制。积极开展旅游扶贫招商引资，全年累计对接企业 2226 家，签订合同项目 306 个，签约金额 2963.01 亿元，完成全年目标任务的 148%，投资到位金额 201 亿元，组织省外 23 个企业旅游扶贫项目在第十三届贵州旅游产业发展大会上成功签约，总投资规模为 832.06 亿元。积极引导工商资本、民间资本有序进入乡村旅游业，支持耕地、宅基地等资源通过土地流转、租赁、收储、置换等方式进入乡村旅游业；探索出了股份合作、务工就业、生产旅游商品等拓宽贵州贫困地区农户收入渠道的模式。乡村旅游已成为加快贫困地区经济结构转型、促进贫困地区培育文明乡风、改善贫困地区农村人居环境、推动贫困地区农民致富的重要渠道。

尽管贵州省旅游业连续三年实现"井喷"增长，但是也面临一些问题和不足，旅游产品业态不够完善，旅游线路开发设计缓慢，高端旅游产品供给更是严重不足，景区公共服务设施和旅游配套设施建设滞后，景区缺乏游客可参与的、娱乐性强的消费项目，缺乏夜间旅游项目，存在游客留不住、住不下等问题。

二、发展环境和趋势

（一）发展环境

旅游逐步成为人们日常必需，省内游客市场潜力大。按照国外的发展经验，人均 GDP 达到 1000 美元就进入了文化消费的快速启动阶段，人均 GDP 超过 3000 美元进入文化消费的快速增长阶段，人均 GDP 超过 5000 美元时会出现对文化消费的"井喷"。2018 年，贵州人均地区生产总值达到 41244 元，常住居民人均可支配收入 18430 元。2018 年，全年接待入境游客 1465539 人次，实际完成旅游外汇收入 31762.59 万美元；全年接待国内游客 96711.56 万人次，实际完成接待国内游客收入 9449.58 亿元；全年接待本省游客 54228.17 万人次，实际完成接待本省游客收入 4530.39 亿元；全年接待外省游客 42483.39 万人次，实际完成接待外省游客收入 4919.19 亿元；充分反映出省内游客的市场潜力还很大（见表3）。

表 3　2018 年全省旅游接待情况

	全年接待入境游客数（人次）	实际完成旅游外汇收入（万美元）	全年接待本省游客数（万人次）	实际完成旅游收入（亿元）	全年接待外省游客数（万人次）	实际完成旅游收入（亿元）
绝对值	1465539	31762.59	54228.17	4530.39	42483.39	4919.19
占总数的比重（%）	0.15	0.23	55.99	47.83	43.86	51.94

续表

	全年接待入境游客数（人次）	实际完成旅游外汇收入（万美元）	全年接待本省游客数（万人次）	实际完成旅游收入（亿元）	全年接待外省游客数（万人次）	实际完成旅游收入（亿元）
比2017年同期增长（%）	15.59	12.13	30.31	33.35	30.01	32.94

旅游景区总数不断提升，在周边省份已处于中间水平，游客接待能力和旅游吸引力不断增强。2018年，贵州省共有国家级旅游景区133个，与贵州周边的云南、四川、湖南、重庆、广西相比处于第四位，比国家级旅游景区数排名第一的四川少81个、排名第二的湖南少79个、排名第三的云南少9个，比排名第五的广西多9个、排名第六的重庆多30个（见表4）。旅游景区总数的不断提升，反映贵州省游客接待能力和旅游吸引力不断增强。

表4 贵州省与周边省份国家级旅游景区比较　　　单位：个

旅游资源	贵州	云南	四川	湖南	重庆	广西
世界遗产名录	4	5	5	2	2	2
世界地质公园	1	2	2	1	—	1
5A级旅游景区	6	8	12	8	8	6
国家级风景名胜区	18	12	15	21	7	3
国家森林公园	25	27	37	58	26	20
国家地质公园	10	12	18	15	8	11
国家自然保护区	10	20	32	23	6	23
国际一级博物馆	1	2	8	4	3	2
国家历史文化名胜	2	6	8	4	1	3
国家历史文化名镇名村	24	22	37	35	24	38
国家级水利风景区	31	20	39	40	15	13
国际五星级温泉	—	4	—	—	2	—
国家级海洋公园	—	—	—	—	—	2

旅游资源	贵州	云南	四川	湖南	重庆	广西
国家级旅游度假区	1	2	1	1	1	—
国家级旅游景区总数	133	142	214	212	103	124

（二）深入实施旅游"1+5个100工程"，推进景区建设

加快打造多彩贵州风景眼、国际天文科普旅游带、世界名酒文化旅游带等旅游吸引物和国际品牌。紧盯世界一流标准，丰富夜间旅游产品，让游客主动留下来、住下来。提升百里杜鹃、赤水、荔波、梵净山国家级生态旅游示范区生态旅游功能，推动兴义万峰林、施秉云台山等创建国家级生态旅游示范区，镇远古城、赤水丹霞、织金洞、西江千户苗寨、万峰林等创建5A级旅游景区。创新开发低空旅游、山地骑行、野外拓展、热气球、登山漂流、户外露营、滑雪运动、万里绿道等山地体育旅游新业态。培育一批国际低空跳伞、攀岩、徒步、马拉松铁人三项、自行车赛等特色体育旅游品牌。加快发展一批科普研学旅游产品。依托北盘江大桥、清水河大桥、坝陵河大桥等桥梁资源，开发一批桥梁旅游项目。推进赤水河谷国家级旅游度假区完善度假功能、优化度假环境、丰富度假活动、提高旅游服务水平，争取创建更多国家级旅游度假区，指导创建一批省级旅游度假区。加快推进赫章九龙谷温泉旅游度假区项目、百里杜鹃启化温泉项目等10个高端温泉旅游项目建设，整合生态资源和民族文化资源，发展主题鲜明、特色各异、功能齐全、吸引力强的温泉旅游度假区和旅游业态，推动温泉产业与养生养老、医疗保健、特色小镇、体育运动、商务会议、现代农业、文化创意等互动发展，打造"中国温泉省"，补齐贵州省冬季旅游短板。加快推动贵阳、遵义、安顺等重点旅游城市打造成山地旅游名城。保护并合理利用历史文化名镇，依托综合服务小镇、产业旅游小镇、森林特色小镇等，打造一批山地旅游名镇。利用民族村

寨、传统村落、景观村寨等特色村寨，打造一批旅游名村（寨）。加快黎平会议会址、史迪威晴隆二十四道拐等三期红色旅游项目实施，加快推进娄山关、苟坝文化旅游创新区、红二六军团革命遗址等红色旅游精品景区和红色旅游集中展示项目建设，推进三线文化旅游项目建设，完善红色旅游配套设施，发展壮大红色旅游。

（三）"旅游+"融合发展，丰富旅游产品有效供给

充分发挥民族文化、红色文化、阳明文化、屯堡文化、土司文化、三线文化等资源优势，把多彩的民族文化、厚重的红色文化、淳朴的乡土文化转化为高品质的文化旅游品牌，不断提升旅游业文化含量。以"旅游+农业"加快推进盘州娘娘山等农旅融合示范景区建设，大力发展多样化、特色化的山地农业旅游。以"旅游+交通"，推进最美高速旅游风景道、山地通用航空观赏区等产品和业态建设，大力发展自驾车旅居车旅游、低空旅游。以"旅游+体育"，加快建设国家体育旅游示范区，推进贵阳旅游环线、钟山区梅花山等生态体育公园、赤水河谷等骑行绿道及万峰林—万峰湖等户外运动基地等建设，大力发展贵阳国际马拉松赛、凉都·六盘水夏季国际马拉松赛、安顺坝陵河大桥跳伞国际挑战赛等山地户外体育旅游活动。以"旅游+康养"，开发一批融合苗族、侗族、布依族、瑶族、水族、彝族、土家族等民族文化的中医药健康旅游示范基地，推进黔东南中医药健康旅游示范区、遵义桃花江国家健康旅游示范基地建设。以"旅游+林业"，完善国家级森林公园、湿地公园等基础和配套服务设施，大力发展森林康养度假旅游。以"旅游+工业"，大力培育发展山地旅游装备、户外休闲用品和特色旅游商品制造业等旅游工业，打造"茅台国酒""三线博物馆""万山朱砂古镇"等一批工业旅游示范基地。以"旅游+大数据"，实施旅游智慧管理、智慧服务和智慧营销工程。以"旅游+科技"，进一步挖掘科技旅游资源，打造科技创新型体验旅游业态，打

造"中国天眼"等高品质科技旅游产品。

（四）加快完善旅游景区公共服务设施

加快旅游景区、度假区、乡村旅游点等旅游节点的厕所建设和改造。加快实现航空、高速铁路、高速公路、干线公路、农村公路无缝衔接，打通景区连接高速公路、主要景区之间的连接线，开通中心城市通往重点景区及景区之间的旅游直通车和观光巴士，重点打造一批精品自驾车旅游线路，开展万里绿道建设工程，推进旅游风景道、乡村绿道、自行车慢道、健身步道、森林步道等建设，改造提升以步道、索道、小火车、电瓶车、观光电梯等为主要内容的景区内部交通网络，提高内外交通互联互通水平和交通设施便捷度、舒适度、智慧程度。加快推进各旅游景区建设与游客承载量相适应、分布合理、配套完善、管理科学的生态停车场。提升重点旅游景区游客中心、集散服务中心服务水平。

（五）加强景区管理

在重点旅游景区建立健全旅游与公安、消防、市场监管、发改等部门综合联动执法机制，加强对景区景点定点监测和动态监管，推进重点加强旅游执法检查常态化。加强4A级以上旅游景区视频系统、停车场车闸系统、景区门禁系统改造提升，实现景区实时数据与全省"一站式"旅游服务平台无缝衔接。畅通景区信息渠道，实现重点旅游城镇、重点景区、宾馆饭店、游客集散服务中心免费Wi-Fi全覆盖。推动景区严格按照景区最大承载量，实行线上分时段售票，增加线上买票后刷身份证、二维码直接出入景区的通道，提升景区智慧程度，最大限度地方便游客，提高游客游览体验。在加大对A级旅游景区创建宣传力度的同时，加大业务指导，巩固旅游景区创建成果，为游客营造安全舒适、周到温馨的旅游环境。认真贯彻落实文化和旅游部财务司《关于对全国 A 级旅游景区开展集中检查的通知》精神，建立旅游景区服务质量督查检查的长效机制，加强动态管理，健全退出机制，督促指导存在问题的国家 4A 级旅游景区限时完成整改工作，对整改不到位的景区按程序降级或取消 A 级旅游景区资质。

参考文献

［1］"2018 年贵州旅游十件大事"出炉，http：//dy. 163. com/v2/article/detail/E64T62SR0524E197. html。

［2］贵州省文化和旅游厅：《贵州旅游统计手册》（2018 年 1～12 月）。

［3］贵州省文化和旅游厅：《贵州旅游产业发展报告》（2018）。

［4］贵州省文化和旅游厅：《贵州省"十三五"旅游业发展规划》。

［5］贵州省文化和旅游厅：《贵州省全域山地旅游发展规划》（2017～2025 年）。

贵州省温泉文化旅游产业
发展报告

王　前[*]

摘　要： 2018 年是国家实施乡村振兴战略的开局之年，也是贵州省全面启动"加大中高端旅游产品供给，推动温泉与康养融合，打造高水平温泉之省"元年。近年来，贵州省着力旅游产业供给侧结构性改革，推动"温泉+"多产业融合发展，温泉产业发展作为补齐冬季旅游短板的朝阳产业中的朝阳，对推动贵州省旅游业继续保持井喷式增长的贡献极为显著。但是也应该看到在发展温泉产业上，开发力度不足、开发方式单一、资源浪费严重、温泉产业规划设计与市场营销及管理服务人才匮乏等问题较为突出。2019 年，着重新建开发一批、改造提升一批、依法整顿一批，努力构建"温泉+大数据""温泉+大健康""温泉+大扶贫"产业体系，为 2018 年省政府工作报告提出打造高水平温泉之省的目标夯实基础。

关键词： 温泉；发展；贵州

---

[*] 王前，贵州省社会科学院区域经济研究所副研究员。主要研究方向为区域经济、产业经济。

一、温泉文化旅游发展现状及特点

（一）地热资源丰富

贵州省是典型的内陆高原喀斯特地貌，地热温泉分布广泛，种类齐全、品质优良。2016年旅游资源大普查共登记温泉（地热）资源单体264处，分布于72个县（区），其中优良级资源达77处，富含多种人体养生保健有益的微量元素，品质较高，按类别作为饮用和理疗，对皮肤病、心血管疾病、风湿关节炎等疾病有良好的功效。在世界11种温泉分类中，贵州拥有6种以上，其中碳酸泉、硫磺泉、食盐泉、碳酸氢钠泉品质极佳，在开发的温泉资源中，息烽、石阡、剑河三大温泉盛名远扬。息烽温泉经国家多个权威机构鉴定，是"含偏硅酸和锶的重碳酸钙型氡泉"，富含30多种有益于人体健康的矿物质和微量元素，可饮、可浴，祛病强身、美容养颜，具有极高的医疗保健价值，是世界三大"氡泉"和中国八大名泉之一，被誉为"液体黄金"。地处武陵山区腹地的贵州石阡县温泉群，至今已有400多年的历史，有着独特传统的洗浴文化，是全国唯有、世界少有既可洗浴又能直接饮用的天然矿泉温泉。常年恒温45℃，日出水量10000余吨，且富含硒、锶、锂、氡、锌、碘、偏硅酸等多种对人体养生保健有益的微量元素，对糖尿病、冠心病、高血压、关节炎、神经炎、皮肤病等有很好的辅助医疗功效，已被中国矿业联合会命名为"中国温泉之乡"。剑河温泉为国内稀有的氡硫温泉，日涌水量1800吨，富含氡、硫、铁、钾、钙等元素，其理化指标与法国著名的维稀温泉相似，有消毒、去疾、健肤之功效，常浴可治疗和预防多种疑难病症，自古享有"苗乡圣水""西部浴都"之美誉。

(二) 积极打造高水平温泉省，补齐冬季旅游短板

贵州省委、省政府高度重视温泉产业发展，2017 年召开的省第十二次党代会明确提出要打造"中国温泉省"。2018 年，贵州省人民政府办公厅出台了《关于加快温泉旅游产业发展的意见》（黔府办发〔2018〕13 号），指出围绕建设国际知名山地旅游目的地和山地旅游大省的总目标，丰富山地旅游业态，加大中高端旅游产品有效供给，通过资源整合、资本投入、市场运作，着力将贵州打造成为国内一流、国际知名的"中国温泉省"。2018 年省政府工作报告提出打造高水平温泉之省的目标。近年来，贵州省在温泉产业发展上，一是积极培育温泉文化，学习借鉴国内外发展温泉产业的先进经验，整合生态资源和民族文化资源，发展主题鲜明、特色各异、功能综合、吸引力强的温泉度假产品和业态，着力推动"温泉+"多产业融合发展。二是充分利用温泉产业综合性强、带动力大、辐射面广的特点，推动温泉产业与文化创意、影视娱乐、商务会议、会展博览、景观地产、疗养保健等现代服务业互动发展，培育一批"温泉+"产业聚集区。三是利用贵州民族医药产业居全国首位的优势，积极发展"温泉+大健康"，促进温泉产业发展与民族医药紧密结合，开发独具特色的温泉旅游产品，形成独特的竞争力。四是围绕打造"中国温泉省"目标，加快100 个温泉旅游项目建设，着重新建开发一批、改造提升一批、依法整顿一批，促进"百泉"项目建设高水平发展。目前贵州省纳入 100 个温泉文化旅游建设项目有 35 个，备选 12 个（见表1）。

表1　全省纳入与备选 100 个温泉旅游建设项目工程名录

市（州）	景区名目	数量（个）
贵阳市	乌当保利温泉、乌当贵御温泉、乌当乐湾国际温泉、乌当振华万象温泉、乌当枫叶谷园林温泉、息烽新萝温泉、清镇四季贵州山地温泉、清镇茶马温泉、开阳美玉温泉	9

市（州）	景区名目	数量（个）
遵义市	凤冈茶海之心温泉康养中心、汇川温泉康养城、赤水旺隆盐浴温泉	3
六盘水市	盘州娘娘山温泉度假小镇、水城百车河温泉、六枝阿志河温泉、六枝廻龙溪温泉、六枝花果山温泉、六枝龙井温泉	6
安顺市	黄果树柏联温泉酒店、安顺豪生温泉度假酒店	2
毕节市	百里杜鹃启化温泉、赫章九股水温泉旅游度假区、大方慕俄格古城温泉	3
铜仁市	沿河温泉城、碧江九龙洞温泉度假庄园酒店、思南九天温泉综合开发项目、石阡温泉旅游度假区、石阡中坝佛顶山温泉小镇	5
黔东南州	凯里云谷田园温泉、剑河温泉文化旅游景区	2
黔南州	龙里中铁国际生态城问水温泉小镇、瓮安草塘温泉公园建设项目、都匀茶都格尼斯大酒店项目、龙里大草原国际旅游度假区四季温泉城	4
仁怀市	仁怀李村河温泉	1
合 计		35
市州	备选单位名单	
遵义市	汇川圣地温泉度假区、桐梓城南山温泉酒店项目、桐梓马鬃乡龙井湾温泉项目、桐梓枕泉翠谷地热温泉项目、习水桑木温泉、习水官坪康养度假旅游小镇	6
黔东南州	从江加榜百里梯田瑶浴温泉康养中心、黄平浪洞森林温泉	2
黔西南州	安龙贵州大秦温泉酒店、贞丰三岔河山地温泉旅游休闲度假区建设项目、兴义车榔温泉	3
仁怀市	仁怀坛厂温泉	1

2017 年根据贵州省旅发委对全省 37 家温泉文化旅游景区（或项目）区监测数据，37 家温泉旅游景区（或项目）区共接待游客 2234.53 万人，占全省人次的 3%，实现综合收入 147.29 亿元，占旅游总收入 7116.81 亿元的 2%，同比分别增长 42.1%、47.1%。根据

2018 年国家旅游局发布的数据，2018 年春节期间，贵州省纳入国家旅游局重点监测的 33 个温泉景区，累计接待游客 36.18 万人次，实现旅游综合收入 1.7 亿元，同比分别增长 29.28% 和 39.26%，温泉旅游已成为贵州省冬季休闲度假旅游的主打产品。

（三）市、州发展极不平衡

根据贵州省旅发委 2017 年对市、州 37 个重点温泉文化景区监测数据，规模温泉景区开发数量不均衡，贵阳市 7 个，县域（不含主城区）平均拥有量约为 0.8 个；遵义市 7 个，县域（不含主城区）平均拥有量约为 0.8 个；六盘水市 6 个，县域平均拥有量为 2 个；安顺市 1 个，县域平均拥有量为 0.2 个；毕节市 2 个，县域平均拥有量为 0.2 个；铜仁市 4 个，县域平均拥有量为 0.4 个；黔南州 4 个，县域平均拥有量约为 0.33 个；黔东南州 2 个，县域平均拥有量为 0.125 个；黔西南州 4 个，县域平均拥有量为 0.2 个。市、州县域规模温泉景区平均拥有量最高的是六盘水市，最低的是黔东南州，相差 16 倍。从规模温泉景区接待人数看，2017 年贵阳市 401.5 万人次，同比增长 36.9%；遵义市 132.37 万人次，同比增长 36.9%；六盘水市 659.14 万人次，同比增长 48.5%；安顺市 176.28 万人次，同比增长 41.2%；毕节市 28.56 万人次，同比增长 14.8%；铜仁市 566.88 万人次，同比增长 39.7%；黔南州 55.60 万人次，同比增长 52.6%；黔东南州 152.83 万人次，同比增长 44.0%；黔西南州 61.31 万人次，同比增长 71.69%。市、州规模温泉景区接待人数达百万以上的有 6 个，最高的是六盘水市，最低的是毕节市，最高与最低相差 630.58 万人次。市、州规模温泉景区接待人数同比增长最高的是黔西南州，最低的是毕节市，最高与最低相差 56.8%。从综合收入看，2017 年贵阳市 28.9 亿元，同比增长 35.5%；遵义市 11.46 亿元，同比增长 35.8%；六盘水市 45.63 亿元，同比增长 58.5%；安顺市 13.41 亿元，同比增长

52.8%；毕节市 1.21 亿元，同比增长 20.1%；铜仁市 28.55 亿元，同比增长 41.5%；黔南州 0.67 亿元，同比增长 56.4%；黔东南州 14.51 亿元，同比增长 50.7%；黔西南州 3.21 亿元，同比增长 87.9%。市、州规模温泉景区接待游客综合收入达 10 亿元以上的有 6 个，最高的是六盘水市，最低的是黔南州，最高与最低相差 44.96 亿元。同比增长最高的是黔西南州，最低的是毕节市，最高与最低相差 67.8%（见表 2）。

表 2　2017 年市、州温泉景区发展情况

市（州）＼指标	景区或项目（个）	接待人数（万人次）	同比增长（%）	综合收入（亿元）	同比增长（%）
贵阳市	7	401.56	36.9	28.90	35.5
遵义市	7	132.37	32.5	11.46	35.8
六盘水市	6	659.14	48.0	45.63	58.5
安顺市	1	176.28	41.2	13.41	52.8
毕节市	2	28.56	14.8	1.21	20.1
铜仁市	4	566.88	39.7	28.55	41.5
黔南州	4	55.60	52.6	0.67	56.4
黔东南州	2	152.83	44.0	14.51	50.7
黔西南州	4	61.31	71.6	3.21	87.9
合计	37	2234.53	42.1	147.29	47.1

资料来源：2017 年全省旅游经济运行分析报告。

二、存在的主要问题

（一）产业规模小

根据 2017 年贵州省旅发委对全省 37 家温泉旅游景区（或项目）监测数据，37 家温泉旅游景区（或项目）共接待游客 2234.53 万人，仅占全省旅游人数的 3%，占全国温泉旅游接待总人次达 7.69 亿人次的近 3%，实现综合收入 147.29 亿元，仅占全省旅游总收入 7116.81 亿元的 2%，占全国温泉旅游总收入达 2428 亿元的 6%。如果与开发较为成熟的北京、广东、福建、东北、四川等温泉资源丰富的省份相比，差距更大。

（二）开发力度弱、开发方式较为粗放

2016 年全省旅游资源大普查共登记温泉（地热）资源单体 264 处，分布于 72 个县（区），其中优良级资源达 77 处，目前已经开发利用 63 处，利用率 24%，未开发利用的资源超过 70%。另外，有的地方缺乏科学规划与合理开发，部分景区开发不到位，配套不足，产品单一，个别地方存在让村民自我发展、无序开发的现象，温泉景区质量较低，严重浪费优良资源。

（三）三缺现象较为突出

一是缺乏特色。贵州省温泉产业开发起步之初，大多是原始的泡池，近年来，在建筑风格上大多是以园林、日式庭院风格为主，而且在泡池名目上，基本上都是中药浴、鲜花浴、牛奶浴、鱼疗浴、红酒浴等，温泉景区的本地特色没有显现，同质化极为严重，产品缺乏更新换代。二是缺乏规范。最为突出的是温泉景区与泡池水质、成分、适宜人群标示不完善，造成消费者泡的温泉，不知其成分，另外，个别温泉景区甚至用锅炉热水代替温泉，极大地损害了消费者的权益。三是缺乏保护。对温泉的开采，应使用地下钻探与监测井，而贵州有些地方的温泉开发方式较为粗放，不求精致，过度追求规模，资源没有得到有效保护，剑河温泉最初开发方式粗放，就是典型的案例。

（四）创新拓展能力不强

由于温泉产业规划设计、市场营销及管理服务人才极为匮乏，而

且现有服务人员的意识、技能等均难以满足产业发展需求，导致温泉产业与其他相关产业融合发展较为困难，转型升级发展缓慢，一些转型升级发展的休闲—养生复合型、主题公园型、会议休闲型、美容美体 SPA 型等新业态未能凸显。

三、2019 年发展环境与趋势分析

2019 年是贵州省各级政府、部门实现各类"十三五"规划各项指标与贵州省打好脱贫攻坚战的关键之年，也是贵州省深入实施三大战略的关键之年，特别是处于党的十九大提出全面实施乡村振兴战略的第二年，更为深入落实贵州省人民政府《关于加快温泉旅游产业发展的意见》的第二年及《贵州省温泉旅游发展规划》颁布实施的第一年，随着贵州省各级政府、部门对打造高水平温泉之省的强力推进，贵州省各级政府、相关部门将加大对温泉产业在政策、资金、人才服务的扶持力度与开发力度。目前，温泉旅游逐渐步入温泉旅游、温泉度假和温泉康疗并行发展的综合性与复合性发展新常态，随着市场布局的扩展和细分市场的经营，以前的同质化现象逐步瓦解，呈现出的是多元化的格局：娱乐型温泉依旧拥有广阔的市场；而消费升级下，游客对于品质和体验的追求会让温泉企业更加注重度假产品的创新和度假氛围的营造；健康作为人们永恒的追求，加上国家在大力发展健康产业，温泉疗愈的本质会被深挖出来，温泉企业会在东西方温泉加速融合发展的背景下，加快温泉康疗产品、康疗疗程、康疗体系、康疗人才的开发和培养。另外，随着旅游消费的升级和消费观念的转变，相对于从前关注景区景点，现在人们更关注旅游体验，因而休闲度假游更受游客喜欢，集旅游、休闲、度假、养生、健康于一体的温泉旅游，成为人们休闲游的热门选择，也成为了投资热点。贵州省温泉产业将保持高速发展态势，一些温泉旅游景区将成为省内各大旅行社争

抢的旅游产品。预计 2019 年,温泉旅游景区(或项目)区接待游客将超 3000 万人,增速将达 30% 以上,综合收入超 200 亿元,增速达 40% 以上。

四、对策及建议

(一) 尽快出台贵州省温泉行业管理规范

加快制定《贵州省温泉行业管理规范》,针对温泉开发、经营服务进行科学化开采与规范化经营服务,在开采方面严格按照国际通行标准加强应用地下钻探与监测井进行合理化科学的开采。在规范经营服务方面,重点在景区与泡池强制规范水质、成分、适宜人群标示。

(二) 着力开发高品质温泉景区

依托贵州省强力实施"5 个 100 工程",充分利用贵州多样化的旅游资源、独特的民俗资源,建设一批高品质的温泉度假区、温泉小镇、温泉主题公园、温泉城等。重点将息烽温泉度假区、石阡温泉小镇、剑河温泉城建设成为具有综合竞争力的国际品牌。

(三) 科学设计推出温泉休闲旅游精品线路

加强温泉景区与省内外各大旅行社联动经营,借鉴日本及我国云南、广东等温泉发达地区著名景区的经验,规划设计推出贵州省东西南北中温泉休闲旅游精品线路,特别是节假日、周末温泉 2 日及以上的休闲体验精品线路。

(四) 深入推进"温泉+"多产业融合发展

温泉旅游业有特殊的宽广度,能够很好地与旅游、文化、体育、健康、养老、农业、商业、地产等多个产业融合，跨界融合发展，将拓宽温泉旅游产业的广度和深度。2019年继续深入落实贵州省人民政府《关于加快温泉旅游产业发展的意见》，充分利用温泉产业综合性强、带动力大、辐射面广的特点，以"温泉+大数据""温泉+大健康""温泉+大扶贫"为路径，吸收借鉴世界成功经验，积极推动温泉产业与文化创意、影视娱乐、商务会议、会展博览、景观地产、疗养保健等现代服务业互动发展，培育一批"温泉+"产业聚集区。

参考文献

［1］贵州省旅发委及相关处《2018年工作总结》。

［2］《贵州省"十三五"旅游发展规划》。

［3］贵州省旅发委：《2017年贵州省旅游运行分析》。

［4］中国温泉旅游网，www.hstch.com。

［5］贵州省人民政府《关于加快温泉旅游产业发展的意见》。

贵州旅游商品发展研究

陈绍宥[*]

摘　要：贵州旅游商品种类丰富，支持旅游商品发展合力形成，但存在研发设计能力不强、缺乏实力雄厚的生产主体等问题，推进旅游商品高质量发展，应着力引进培育大企业、提升创新研发设计能力、提升营销能力，着力打造特色品牌和凸显旅游商品的现代性。同时，应从加快推进特色产品商品化、加强专业人才培养、进一步完善支持政策、进一步创新畅通营销渠道等方面予以支持。

关键词：贵州；旅游商品；发展

旅游商品是指旅游者在旅游过程中，出于商业目的以外购买的，能反映旅游地特色的有形商品，主要包括纪念品、工艺品、艺术品、土特产品和日常用品五大类。旅游商品是旅游业"六要素"的重要组成部分，是旅游产业链的重要环节，承载着满足游客购物需求和传播旅游目的地形象的双重价值。大力发展旅游商品是推进旅游供给侧结构性改革、满足游客购物需求、提升旅游地城乡居民收入的重要途径。近年来，贵州省把加快发展旅游商品作为加快旅游业升级发展的重要内容，作为助推脱贫攻坚的重要抓手，研究贵州旅游商品的发展具有较大现实意义。

---

* 陈绍宥，贵州省社会科学院区域经济研究所副研究员。研究方向为区域经济、产业经济。

一、贵州旅游商品发展情况

（一）旅游商品种类丰富

贵州旅游资源丰富，民族文化绚丽多彩。随着旅游业的快速发展，各级政府对旅游商品发展的大力支持，以及旅游地各主体意识的增强，贵州省的农特产品、民族工艺品等不断向旅游商品转化。目前，贵州的旅游商品较为丰富，各市州都有特色化的旅游商品。如安顺市民族民间工艺品产业主要有蜡染、蜡染板画、木雕、根雕、民族服饰、民族娃娃、银饰、刺绣、织锦、竹雕、石雕、竹编、草编等。遵义旅游商品有酒类、茶叶和手工艺品，其中，酒类有茅台酒系列酒、习酒、珍酒、董酒等老八大名优酒；茶叶有遵义红、正安白茶、湄潭翠芽、凤冈锌硒茶等系列；手工艺品有会飞的鱼系列产品、黄泥牛、丝弦、香扇、吉他、竹编、藤编、根雕等。黔东南、黔西南等民族地区有特色美食、民族服饰、银饰等。

（二）旅游商品需求旺盛

随着旅游业的快速发展，旅游购物日益旺盛。《中国青年报》曾经做过一次问卷调查，高达 92.1% 的受访者会在景区买旅游商品，其中 60.8% 的受访者会购买风味土特产、39.6% 的人会购买工艺美术品、36.7% 的人会购买日用品、21.6% 的人会购买有地方特色的轻工业产品。2018 年前三季度，贵州省过夜游客人均花费 1622 元，外省入黔游客人均花费 1193 元。从消费构成来看，娱乐、购物等旅游消费比重占 31.7%，其中工艺品、蜡染制品类商品占比 23.9%；茶叶及饮料类商品占比 22.6%；酒类商品占比 19.4%；香烟类商品占比 18.4%；药材、药品、保健品类商品占比 15.7%。

（三） 推进旅游商品发展的合力形成

为了推进旅游商品发展，近年来贵州相继出台了《"十三五"民族民间文化旅游商品产业发展规划》《旅游商品生产示范基地认定管理办法》《工艺美术大师工作室认定办法》《旅游商品公共服务平台认定管理办法》等支持民族民间工艺品产业化发展的若干政策措施。同时，在高速公路服务区布局专销店、专销区，在旅游景区、景点、机场、高铁站、火车站等建设销售平台，旅游商品销售网络不断完善。合理运用大数据、"互联网+"、电商平台等渠道，实现贵州旅游商品在全球范围内进行营销。推进旅游商品加快发展的合力正在形成。

（四） 缺乏实力雄厚的生产主体

旅游商品的档次取决于生产企业的实力。总体来看，贵州省旅游商品生产企业存在小、弱、散等特征，贵州省规模以上旅游商品企业仅 400 多家。就贵阳市来看，按照微型企业年产值在 100 万~200 万元、小型企业年产值在 200 万~500 万元、中型企业年产值在 500 万~2000 万元、大型企业年产值在 2000 万元以上的标准划分，把贵阳市旅游商品企业划分为微型规模企业、小型规模企业、中型规模企业、大型规模企业。数据显示，在贵阳旅游商品企业领域，大中型企业比例较低，分别仅占 1.85% 和 12.14%，而小微企业约占总数的 86%，其中小型企业和微型企业分别占比 29.29% 和 56.73%。目前，贵阳市仅有 7 个大型旅游商品企业，分别是贵州黔粹行民族文化发展有限公司、贵州贵茶有限公司、际华三五三七制鞋责任有限公司、贵州龙膳香坊食品有限公司、贵州聚福轩心茶之旅农业旅游有限公司、贵阳南明老干妈风味食品有限责任公司和贵州五福坊食品股份有限公司。

（五）旅游商品研发设计成为"短板"

旅游商品兼具消费、观赏、收藏等功能。研发、设计、包装等是旅游商品价值增值关键环节。总体来看，尽管近年来贵州在旅游商品生产上做了很多探索和尝试，着力提升旅游商品研发设计水平，但是全省的旅游商品仍存在设计缺乏创意、制作工艺不精细、外包装不够精美、文化艺术元素植入少等问题，设计、生产与市场匹配程度不高，导致旅游商品供给与游客消费升级需求不尽一致，影响旅游商品价格。例如，三都水族自治县桃花马尾绣，作为国家级非物质文化遗产，价值上万元的商品，但因缺乏适应市场需求的创新设计，只能以五六十元价格贱卖。

（六）营销方式市场化程度低

虽然省内各旅游景区已挂牌设立上百家旅游商品专销店，但销售网点普遍存在产品种类不足、数量不够、档次不高、缺乏针对性等问题，旅游消费聚集区内从事零售业的商店，所售卖的商品在国内其他旅游景区或市内商店均有销售，普遍缺乏特色，加上游客心理上一般认为景区商品价格相对昂贵，对游客吸引力并不高。缺乏激励消费者购物的举措，消费者购物多是自发性消费。同时，大多数企业借助电商平台等拓展市场的水平不高。

（七）多数旅游商品处于价值链低端

现有旅游商品以传统品种居多，创新研发产品少，产品较单一，多是特色食品、民族服饰等，各地产品同质化现象较为明显，其中以民族服饰产品为最，不少经过改造加工的服装由于缺乏创意设计能力，使之变得不伦不类，既无民族性，也没有现代感，无法适应市场的需求。而价格较高的旅游视听产品和旅游装备品较少。

二、贵州旅游商品发展的环境条件分析

（一）旅游购物消费潜力无限带来广阔的市场空间

根据游客的消费构成分析，旅游业"六要素"中，"吃、住、行、游、娱"五要素相对稳定，"购"在旅业业中占有分量最高，对当地经济拉动力最大。同时，现代物流的快速发展，减少了游客购物远程携带之不便，也较大地推动了游客购物。旅游商品消费无限潜力带来广阔的市场。

（二）贵州具有打造高品质旅游商品的物质基础

贵州好山、好水、好空气、好土壤，孕育了不少贵州绿色优质农产品，贵州特色土特产类旅游商品品质优良，让游客食之放心。贵州民族文化丰富，各民族丰富而各具特色的文化积淀使贵州拥有"文化千岛"的美誉，苗、侗、彝族、布依等民族的刺绣、蜡染、银饰、漆器、箫笛等精美绝伦，令人爱不释手，让游客购之称心。传统工艺保存较好，各民族中历史遗存的多种特色技艺传承至今，染绘、刺绣、编织、雕刻、陶艺、烹饪、酿造各类贵州民族民间工艺大师、非物质文化遗产代表性传承人较多，为打造特色民族旅游商品提供了技术支撑。

（三）高水平研发设计及营销人才缺乏制约

研发设计及营销是实现商品价值增值的重要环节。近年来，为了提升旅游商品的研发水平，贵州积极组建力量，加强与相关机构合作，建成了国家旅游商品研发中心（贵安）联合研发基地、贵州省旅游产品研发中心等研发机构。但总体来看，与旅游商品巨大的市场相比，

与旅游商品开发生产销售大省相比，现有的研发设计人才不足，特别是高水平、引领性的人才资源尤为缺乏，无法支撑贵州省旅游商品研发设计整体水平突破性提升。此外，高水平营销及品牌运营人才不足，缺少大格局、大视野的营销策划，在全国有影响力的知名品牌少，有创意、有卖点、突破性的新产品不多，导致旅游商品大销量、低产值，大资源、小市场，多种类、弱品牌等现状存在。

综合来看，尽管存在研发销售短板，但是贵州旅游商品发展具有坚实的基础、广阔的市场，发展环境条件良好。

三、推进贵州旅游商品提质发展重点

（一）大力引进培育大企业

结合贵州省旅游快速发展态势，按照贵州主要旅游商品的类别，认真谋划旅游商品生产重大项目，并优先纳入省市重大招商引资项目，重点围绕生产、研发、销售等全产业链引进实力雄厚的企业，着力解决引领性大企业不足的问题。同时，优化好资源匹配与引领辐射带动的关系，做到特色资源富集区大企业引领带动。以举办"多彩贵州文博会"和"两赛一会"为基础，由工信部牵头联合相关部门，重点扶持一批基础好、产品有特色的旅游商品生产企业做大做强。

（二）着力提升创新研发设计能力

着力增强旅游商品研发和创新的能力，建立以企业为主体、市场为导向、产学研相结合的旅游商品研发创新体系。支持中型以上旅游商品生产企业设立研发中心，或与研发机构合作创新研发产品。鼓励小微企业瞄准某一环节，大胆进行创新。通过企业内部研发创新，加强"产、学、研"合作与交流，在包装、工艺、造型、款式、功能和服务等方面不断开发、创新，提高贵州省旅游商品综合竞争力。构建旅游商品研发人才支撑体系，把引进培养旅游商品研发人才作为一项主要工作，积极探索培育旅游商品研发人才的新途径，在主要旅游商品领域打造一支有实力、有水平的开发创新人才队伍。通过高起点、高品位、高要求的研究开发，做精、做细、做强、做特、做大贵州旅游商品。将贵州民族文化融入研发旅游商品中，在商品中体现民族文化元素，提升民族文化元素的效用价值。

（三）着力提升营销能力

夯实省内销售网点平台，实施产业链整合战略，建立完善旅游商品营销网络，加快连锁经营、物流配送、电子商务服务配套设施体系建设，在中心城区主要干道、主要旅游景区（点）、各大商场（购物中心或广场）合理布局规范的销售网点。合理配置专销店商品，各个专销店、专销区完善销售产品系列，以大师产品、获奖作品以及当地品种丰富、品质优、品牌强的特色旅游商品为主，适当配备一定比例的其他市州旅游商品。建立统一物流配送体系，通过招投标的方式确定若干家综合实力强、信誉度高的公司负责专销店商品的物流配送，减小运营成本、提高工作效率。把握"智慧旅游"发展机遇，大力推进旅游商品线上销售，支持旅游商品企业借助淘宝网、京东网、"义乌购"、贵州农经网、"黔邮乡情"电商平台线销售产品，鼓励企业通过企业官网、微店、小程序等网络平台进行在线销售。加强与省外市场合作，推进贵州旅游商品入驻义乌国际小商品市场，以及入驻位于广州、深圳的全国最大的茶叶、民族民间工艺品市场。发挥展会平台作用，组织省内旅游商品企业广泛参加中国（贵州）国际民族民间工艺品及文化产品博览会、APEC 中小企业技展会、"年货节"、高端水博会等，提升贵州旅游商品的影响力，不断拓展市场。

（四）着力打造特色品牌

切实推进旅游商品"一景区一品牌"建设，各市州以本地区的著名景点为标识，坚持一景区一品牌，如贵阳要以花溪、甲秀楼；遵义要以遵义会议会址；安顺要以黄果树大瀑布；黔南要以天眼、大小七孔；黔西南要以万峰林等来打造独具特色的旅游商品。要加大地理标志的申请和运用，推进各地申请地理标志或集体商标，推进"贵水"以及安顺蜡染、黔东南银器、黔西南刺绣、毕节漆器等传统工艺品的地理标志申请和运用。要全方位宣传贵州旅游商品，充分整合各类媒体力量共同发力，特别要借助中央媒体及地方知名媒体的影响力，通过投放旅游公益广告、制作专题节目等方式，多层次、立体式宣传贵州省旅游产品，提高贵州旅游商品的知名度和知晓率。组织旅游商品企业参加国内外相关产业博览会、大型展会以及各类评奖活动。

（五）着力凸显旅游商品的现代性

旅游商品应该在充分传承地域文化和传统工艺的基础上，运用现代技术，创造性地开发符合现代人的审美情趣和情感需求的实用型产品。文化传承与现代艺术创新相结合，要深挖地域民族文化内涵，从中找到与现代审美艺术契合的创新点。传统文化性与现代实用性相结合，地方特色旅游商品应该是传统文化性和现代实用性的完美结合，既能为生活所用，又有旅游目的地的地域文化特色，具有收藏价值。将民俗传统工艺与现代制造技术结合，将民间艺人的手工制作与现代机器加工进行完美结合，探索一条新的民族旅游纪念品发展之路。

四、对策及建议

（一）加快推进特色产品商品化

大力推动贵州省优质白酒、烟草、茶叶、民族制药、特色食品"五张名片"和"黔系列"民族文化产业品牌向旅游商品转化，建立贵州"旅游首选商品"名录。支持贵州特色工业产品、农林牧副渔业产品、手工艺品旅游商品化，加快旅游商品制造业基地建设。加快发展"名、优、特、新"旅游商品，重点推进特色传统民族手工艺品的旅游商品化，依托传统民族手工艺，大力发展银器、蜡染蜡画、刺绣、民族服装服饰、民族乐器、花画、编织、漆器等民族手工艺品，加快开发一批烟酒、茶、肉制品、辣椒、果蔬、调味品等旅游食品，鼓励发展以中药民族药为基础的"黔药"旅游健康保健品。

（二）加强专业人才培养

实施"名师、大师进课堂"行动计划，组织邀请一批民族民间工艺名师、大师、传承人等走进校园、企业、作坊及政府培训课程的课堂，发挥工艺美术大师和非物质文化遗产传承人的"传、帮、带"作用。实施"民族民间工艺品专业申报（开设）行动计划"。争取省政府、省经信委、省教育厅等部门的支持，积极申报一批与民族民间工艺品产业发展密切相关的本、专科专业，形成本地化、常态化人才培养机制。

实施"人才培养实训基地建设"行动计划，先后设立并扶持一批民族民间工艺品人才培养实训基地。鼓励贵州大学、贵州民族大学、贵州省旅游商品研发中心、贵州国际民间艺术研究院及地方职业院校与民族民间工艺品企业联合建立人才培养实训基地，重点培养民族民间工艺品专业基层实用型技工和设计创意人才。实施"民族民间工艺品产品创新行动计划"，设立并扶持建立一批产品/项目研发中心。支持国家级、省级工艺美术大师在各市州创建大师工作室、技术中心、产品研发中心，鼓励大师带徒授艺，培养接班人。

（三）进一步完善支持政策

发展旅游商品是推进旅游供给侧结构性改革、实现旅游产业转型升级的重要抓手，旅游商品的发展涉及面广，既需要以市场为导向，在竞争中谋发展，又需要政府瞄准重要环节，有针对性地出台支持政策。结合贵州实际，应在品牌培育、融资、研发、人才培养等方面给予发展支持。例如，出台产品研发、开发政策，鼓励旅游商品企业在创意、工艺、材料、包装等方面创新创优，推出具有贵州文化特色、适于旅游消费的旅游商品，对在国家、省、市行政主管部门或具有影响力的行业协会举办的旅游商品设计大赛中获得金、银、铜奖（或一、二、三等奖）给予不同等次一次性奖励；对获得国家专利的旅游商品给予一次性专利奖励；对旅游商品企业获得国家地理标志产品保护品牌给予一次性奖励。在融资政策方面，支持符合条件的民族民间工艺品企业到主板、中小板、创业板、新三板和贵州股权金融资产交易中心等多层次资本市场，以及通过发行公司债券、企业债券、非金融企业债务融资工具等形式进行直接融资。

（四）进一步创新畅通营销渠道

鼓励投放旅游商品消费券，借助机场、车站、景区、酒店等渠道，通过知名旅行商、航空公司等向旅客投放旅游商品消费券，游客凭消费券购买旅游商品可享受优惠。深入实施乡村旅游"后备箱工程"，打造一批乡村旅游"后备箱工程"示范村，培育一批乡村旅游"后备箱工程"骨干企业。

参考文献

［1］朱虹：《旅游商品的标准与开发路径》，中新网江西新闻，2019-01-15。

［2］张丽萍：《文旅融合背景下湘西地区旅游商品供给改革》，《商业经济》2019 年第 18 期。

［3］汪良：《贵州民族文化对研发特色旅游商品的启示》，《旅游纵横》2019 年第 3 期。

案例篇
Case Report

乌江经济走廊文化与旅游产业融合发展思考

——以德江县为例

潘 一 王 前 黄 勇 王 彬[*]

一、发展现状与特点

(一) 发展特点

党的十八大以来,德江县经济社会发展呈现出速度提升、结构优化、动力转换、活力凸显等特征,总体经济保持高速增长态势,经济发展取得重大成就。

经济发展保持持续快速发展态势,处于起飞发展阶段。2010 年以来,德江县经济取得较快发展,经济总量不断增加。2017 年全县经济继续保持较快增长,地区生产总值达 107.22 亿元,同比增长 12.2%,是 2010 年的 3.32 倍。2017 年全县地区生产总值列全省 88 个县 (市)第 45 位,列全市第 4 位。人口总量、国土面积、经济总量分别占全市的 11.8%、11.5%、11.1%。2017 年德江县地区生产总值增速相对全市、全省、全国分别高 0.7 个、2 个、5.3 个百分点。全县人均生产总

* 潘一,贵州省社会科学院助理研究员。王前,贵州省社会科学院副研究员。黄勇,贵州省社会科学院研究员。王彬,贵州省社会科学院副研究员。

值达到 28799 元，分别低于全市和全省人均生产总值 6.5% 和 24.1%，居全省第 55 位、全市第 6 位。2017 年，全社会消费品零售总额达到 20.07 亿元，占全市的 9.5%；一般公共预算收入、一般公共预算支出分别达到 5.63 亿元、47.44 亿元，分别占全市的 8.6%、11.9%。总体来看，德江县经济表现出稳定持续增长的特征，呈现向好向快发展的良好态势。根据美国著名经济学家钱纳里和罗斯托的划分标准，对德江经济增长阶段进行划分，2017 年德江人均 GDP 为 28799 元，按 2017 年末汇率计算，折合为 4426 美元，根据 2009 年 "2759~5519 美元" 的标准（钱钠里标准），德江经济处于起飞阶段的中后期，正向成熟阶段迈进。

产业结构不断优化，处于转型升级的关键阶段。全县加快优势资源开发和利用，进一步优化第一产业、强化第二产业、扩大第三产业，逐步形成一产稳固、三产主导、二产加快的产业格局。2017 年全县产业结构比重为 25:20.2:54.8，非农结构优于 2015 年的 27.8:20.3:51.9 结构。2017 年第一产业实现增加值 26.75 亿元，重点优化以烤烟、畜牧为主的特色农业。全年烤烟产量达到 6258 吨，增长 17.6%；肉类总产量 2.90 万吨，比上年增长 5.1%。大力发展茶叶和中药材等新兴产业，不断扩大种植面积。第二产业实现增加值 21.7 亿元，同比增长 12.9%，占全市第二产业增加值的 7.8%。近年来，德江县以农副食品加工、食品加工等为代表的工业不断发展壮大，2017 年，农副食品加工业增加值 11286 万元，增长 6.4%；食品制造业增加值 4636 万元，增长 16.8%；皮革、毛皮、羽毛制品和制鞋业增加值 2717 万元，下降 45%；医药制造业增加值 10299 万元，增长 6.8%。非金属矿物制品业 22395 万元，下降 2.9%；金属制品业增加值 4918 万元，下降 11.9%。第三产业形成了以旅游业为龙头，带动会议会展、商贸物流、电子商务等现代服务产业发展的产业体系。近年来，第三产业增加值不断扩增，2017 年全县第三产业增加值实现 58.77 亿元，同比增长

14.5%，增加值占全市第三产业增加值的 12.4%，列全省 88 个县（市）第 46 位、全市第 4 位。其中，旅游业在 2017 年呈现"井喷"式发展，全年接待游客 310 万人次、收入 15.51 亿元，分别增长 34.7%、17%。从三次产业结构来看，2017 年全县三次产业结构比为 25∶20.2∶54.8，工业化仍处于初中期阶段，对应产业发展阶段的加快转型升级关键期。农业发展逐步形成了以蔬菜、中草药、生态畜牧为重点，全力培育打造精品水果、干果等产业，通过产、加、销一体化，朝着"区域化、规模化、品牌化"的山地高效农业发展转变。工业的转型升级主要依托工业园区，打造特色轻工基地，逐渐从资源粗加工向特色农产品加工等为主的特色工业体系转变。现代服务业发展由以旅游为主向以旅游为龙头，带动商贸物流、电子商务等现代服务产业发展体系转变。各产业发展朝着专业化、标准化、集约化方向转变。

基础设施不断完善，助推区位能级不断提升。全县不断完善城镇功能和基础设施，区域发展条件不断改善。建成县城至南互通、县城至共和公路，德务高速和 60 条通村公路快速推进，县城至道角、桶井至文新、两河口至共和公路正在加快改扩建，德余高速前期工作扎实开展，共和港口获准通航，黔北（德江）机场筹建全面启动，昭黔铁路、涪柳铁路前期工作对接持续跟进，区域性交通枢纽骨架加速构建。实施农田水利项目 16 个，新增灌溉面积 5000 亩，观音滩水库、大木尧水库下闸蓄水，桶井片区人饮供水管网、玉溪河补水工程加快推进，朝溪水库大坝封顶，共和水库、五谷溪水库获省市批复，县城周边初步形成 5 个水库拱卫、4 条水系环绕的生态水环境。建成龙泉、钱家、桶井输变电工程，实施 21 个中心村农村电网改造项目，实现 201 个行政村数字电视全覆盖。

加快完善城市功能，城镇化处于中期加快发展重要阶段。近年来，德江县城镇化水平不断提升，城镇化建设跃上新台阶。全县城区规模不断扩大，城镇化空间格局逐步形成。城市配套基础设施不断完善和升级。完成迎宾路等5条市政道路建设，迎宾广场、五馆两中心、城北广场主体完工，城南文化公园、城北休闲公园、大犀山生态体育公园基本建成，改造城区地下综合管网20公里；县城中7个指挥部同时发力，完成迎宾路、城南、玉龙湖、玉溪河、城北、董家水井、体育馆七大片区棚改6000多户，拆迁面积70万平方米；碧桂园、时代上层二期、惠田三期等房开项目加快推进，盛世佳园等公租房建设全面完成。建成煎茶水乡，加快推进陶缘居、华晨花卉农旅一体项目，推进多维国际酒店建设，开工建设天域酒店、土家廊桥风情园。根据发达国家走过的城市化道路来分析，城市化的发展从起步开始大体上可以划分为早期、中期和成熟期三个阶段。城市化水平在10%~30%以下为早期阶段，城市化水平在30%~70%为中期阶段，城市化水平在70%以上为成熟期阶段。城市化中期阶段所经历的时间一般比早期阶段的时间少，是加速发展的时期。截至2017年，全县城镇化率达49.5%，按照诺瑟姆城镇化标准，全县处于城镇化中期阶段，也是城镇化加速发展阶段，这一阶段对应工业化中期加速发展阶段，也对应产业发展的转型升级阶段。

供给侧结构性改革深入推进，发展新活力不断被激活。近年来，德江县推动以"三降一去一补"为主的改革取得重大成效。2017年为企业减负6000万元。积极稳妥处置停产或半停产企业，推动园区土地资源等要素优化配置，逐企施策，分类处置，实现产业结构调整与产业转型升级有机结合，盘活空闲土地120亩、闲置厂房3万平方米。深化行政审批制度改革，取消行政审批事项72项，县乡两级公共服务清单、行政权力中介服务清单全面规范。深化商事制度改革，全面实行"五证合一、一照一码"登记，推行"互联网+政务服务"。认真落实承担行政职能事业单位改革先行试点任务，顺利通过中央编委办验收。深入推进省级、市级示范小城镇行政体制改革，向煎茶镇、合兴镇下放行政权限共 192 项。全力推动农村"两权抵押"试点改革，全面盘活农村土地、林地等资源，完成农村土地确权登记颁证 95%。积极推进"民心党建+三社融合促三变+春晖社"改革，农村综合管理体制改革顺利实施。全面推进医药卫生体制改革，不合理的医疗费用增长得到有效控制。深化改革广度力度不断加大，推动发展成果效果更加凸显。

（二）优势条件

即将形成陆、水、空的立体交通优势。杭瑞高速、剑榕高速公路已通车，德务高速公路将建成；乌江航运 1000 吨级德江港工程正在推进，黔北（德江）机场即将开工建设。随着德江"三高五铁一港口一机场"的规划建设，德江将成为黔东、黔东南交往交流最便捷的节点，将成为贵州省通往华北地区最直接的通道，将成为融入长江经济带最重要的水陆枢纽。

规划布局与发展定位优势。自 2010 年以来，省委省政府、市委市政府在一系列重要文件中对德江县发展做出了定位，主要是"贵州东北部的区域性交通枢纽城市""省域东北部地区的专业型中心城市""德思印城市组群""区域发展次中心""区域次中心城市""区域性重要的中等城市"，以及提出了推进撤县设市的工作安排。

建成黔东北区域性中心城市的城市基础优势。县城至煎茶新区地势平坦开阔，城区周边可利用面积达 150 平方公里，完全能满足中等城市建设发展需要，是黔东北区域最有利于大规模开发和建设的城市，是黔东北区域内建成区规模最大、城区人口最多、发展要素最活跃的城市，这为建成黔东北区域性中心城市、中等规模城市奠定了基础。

绿色可持续发展的后发优势。长江南岸最大的支流乌江流经县域，全县水资源总量共 13.9 亿立方米，森林覆盖率达 56.2%，是乌江中下游的重要生态功能区。素有"傩戏之乡、天麻之乡、奇石之乡"之称，历史文化、红色文化、民族文化底蕴深厚，绿色营养健康产业、全域旅游蓬勃发展。

二、基本思路

以习近平新时代中国特色社会主义思想为指导，贯彻省委十二次党代会、市委第二次党代会的精神，强力落实"五位一体"总体布局、"四个全面"战略布局、新时代发展理念和"守底线、走新路、奔小康"工作总纲的要求，坚持"主基调""主战略"，全力实施大扶贫、大数据、大生态三大战略行动，以创新驱动、投资拉动和开放带动为动力，加快培育特色化、集群化、融合型的文化产业。充分发挥"世界的傩戏在中国，中国的傩戏在贵州，贵州的傩戏在德江""戏剧活化石""中国民间文化艺术之乡""傩戏之乡"的品牌效应，加快建设世界傩都，努力打造世界傩文化保护与文旅创新发展示范区。以傩文化、红色文化、隋唐扶阳古城遗址及民族民间文化保护为重点，以高标准推进国家级农业公园、中国傩城、洋山河五彩水与山地草原休闲公园、扶阳古城遗址休闲公园、枫香溪红色文化旅游区、沙溪生态农业与山地康体运动休闲公园建设，丰富旅游生态和人文内涵，促进旅游业与第一、第二、第三产业融合发展，加快推进旅游业转型升级与创新发展。

三、加快特色文化产业发展

以建成文化强县为目标，以着力打造三大特色文化品牌与壮大文化产业为抓手，建设黔东北区域文化高地，彰显德江城市文化魅力。

打造以傩文化为重点的传统文化品牌。依托德江民族民间文化艺术资源，积极推动省内外知名创意企业参与德江民族民间文化艺术开发，充分挖掘民族民间文化艺术市场价值，变资源优势为经济优势，重点加大国家级傩堂戏、省级土家舞龙炸龙等民族民间文化艺术开发力度，推出多元化具有现代创意的民族民间文化艺术产品，着力打造以德江县城规划区范围为核心，5A级世界傩文化休闲度假旅游目的地的"中国傩城"文化品牌。

打造乌江生态文化品牌。依托乌江流经潮砥、长堡、共和、稳坪、桶井5个乡镇的沿江两岸山地河谷特色风貌、人文景观、民族文化、田园综合体、现代农业产业园等资源，以开发4A级白果坨国家湿地公园、乌江鹅项颈休闲园、乌江古航道、共和港口等为重点，大力发展文化旅游、康体疗养、乡村特色影视基地和休闲娱乐产业，培育沿江两岸一批美食村、艺术村、养生村、休闲村等特色村，推动潮砥、长堡、新滩、望牌特色生态旅游小镇与潮砥、长堡、共和、稳坪、桶井25公里沿江"德江乌江生态特色文化带"建设，打造集"乌江文化"和"乌江画廊"于一体的"印象德江"品牌。

打造红色文化品牌。深入挖掘丰富的革命历史文化资源，重点统筹国家、省、市级枫香溪会议会址、中共黔北工委旧址、洞佛寺战斗遗址等红色文化资源保护开发利用，加快配套设施建设，推出红色旅游线路，实施红色基因传承工程，打造红色文化传承示范点，建成贵州省重要的爱国主义品牌教育基地。

加强公共文化建设。成立德江特色文化品牌研究开发中心，邀请各地专家学者参加特色文化品牌的研究，综合运用媒体传播、文艺作品、节庆活动、商业推广、电视专题、报纸、杂志等有效手段，多形式、多领域、多角度加大三大品牌宣传力度，加快规模体育馆、博物馆、文化馆、科技馆等文化设施建设，举办不同层次文化活动，增强德江对周边地区的文化影响力。

壮大特色文化产业。大力发展以县城为中心的现代文化创意产业，培育一批在旅游产品广告、设计、咨询、歌舞编排、工艺品、旅游产品加工等在黔东北叫得响的知名企业，规划建设"中国傩城"文化产业园区，积极推动文化与旅游、科技等深度融合发展；加大对乡村文化产业的扶持力度，引导利用古民居、古遗址、古村落、古街发展文化产业项目，重点培育一批特色突出的文化小镇。实施乡村传统工艺振兴计划，加大特色传统工艺产品、民间艺术、民俗表演等项目开发力度，推出一批具有吸引力的地方特色的精品民俗活动和精品休闲农业体验旅游活动，打造一批在黔东北区域有影响力的乡村文化品牌，推动德江文化产业成为德江支柱产业。预计到2022年建成1~2个省级文化产业园区（基地）。

四、促进文化与全域旅游融合创新发展

依托"三高五铁一机场一港口"交通区位条件和生态环境、乌江水域等优势，以建设黔东北铁路交通枢纽和区域性中心城市为主题，以突出"隋唐古邑、中国傩城"为特色，充分发挥旅游资源和旅游资源品牌优势，形成结构完整、布局合理、基础设施配套完善的国内一流、世界知名的旅游目的地和休闲度假胜地，建设世界傩文化保护与文旅创新发展示范区。

形成"一城一廊五园二区"的旅游空间结构。整合全县旅游资源，优化空间布局，提炼德江生态文化旅游主题形象，围绕"一城一廊五园二区"的全域旅游空间布局，建设全景德江，发展全域旅游。其中，一城指中国傩城。以德江县城规划区范围为核心，打造集生态观光、避暑度假、运动康体、傩文化体验于一体的5A级世界傩文化休闲度假旅游目的地、"中国傩城"旅游城市和贵州东北部区域旅游集散中心和旅游城市；一廊：乌江画廊，以潮砥、长堡、共和、稳坪、桶井等沿乌江乡镇为重点，建设4A级白果坨国家湿地公园、乌江鹅项颈休闲园、乌江古航道，打造潮砥、长堡、新滩、望牌特色生态旅

游小镇，建设百里乌江旅游画廊；五园：将德江国家级农业公园建成国家5A级旅游区、5星级农业园区和贵州省生态文明先行试验区的新典范，将沙溪生态农业与山地康体运动休闲公园打造成4A级山地康体运动休闲基地和特色养生旅游小镇，将洋山河五彩水与山地草原休闲公园建设成高山康体旅游小镇和5A级综合性旅游目的地，将龙泉4A级峡谷水景与生态田园休闲公园建设成龙泉古思州旅游小镇，将扶阳古城遗址休闲公园建成国家4A级景区、贵州省乡村旅游示范基地；二区：将以枫香溪红色文化为引领的"老区"文化体验旅游区建成国家4A级红色旅游经典景区，以楠杆、平原、复兴民族风情为特色的乡村体验旅游区打造成全省农耕文化和精品型乡村旅游基地。

建设重点精品旅游线路。围绕傩文化、红色文化、土家文化、历史文化重点建设德江—中国傩城、德江—枫香溪、德江—楠杆、德江—民族风情特色乡村、德江—扶阳古城等文化主题路线；推进农旅融合，重点打造德江—国家农业公园—沙溪生态农业与山地康体运动休闲公园农业公园休闲线路、德江—沙溪生态农业与山地康体运动休闲公园—洋山河五彩水与山地草原休闲公园—龙泉峡谷水景与生态田园休闲公园山地休闲公园线路、国家湿地公园—乌江百里画廊旅游精品线，全力打造常规线路、主题精品线、自驾游线路及营地，规划建设4星级营地1个、3星级营地1个、2星级营地3个。

加强旅游基础设施建设。实施旅游便捷工程，重点加快高速公路、铁路、旅游主干环线的公路建设，促进支线旅游交通和旅游景区的连线建设，实施高速公路、铁路等主要交通要道、景区旅游公路和自驾游热线上的旅游交通标识建设项目。推进旅游环境优化工程，按照国际化、信息化、标准化加快旅游集散中心、旅游咨询中心、呼叫中心、人民公园和景区游客服务中心建设，加强市政、酒店、餐饮、购物中心等配套服务体系建设，大力提升宾馆饭店、景区景点、旅行社等服务质量。大力发展特色餐饮，扶持发展特色农家乐，规划建设风味小吃街。

安顺乡村文化与旅游融合发展思考

吴 杰 王红霞[*]

改革开放率先从农村启航，推动农村实现大发展。但随着城镇化、工业化的加速推进，乡村发展逐步滞后。"乡村兴则国家兴、乡村衰则国家衰"，值此新时代新征程开启之际，党的十九大做出了实施乡村振兴战略的重大决策部署，并将其作为决胜全面建成小康社会、全面建设社会主义现代化国家的重大历史任务，中国特色社会主义进入新时代做好"三农"工作的总抓手。

一、发展现状与特征

安顺具有山地农业资源、气候生态资源、文化资源与区位等优势，近年来，全市经济社会发展加快，推动农业农村发展、农民脱贫致富取得明显成效，全市上下加速发展的信心更强、底气更足，为实施乡村振兴战略提供了良好的基础条件。

交通区位优势不断凸显。安顺是黔中经济区重要增长极、黔中城市群重要的中心城市，是全省交通网络发达、快速便捷的地区，沪昆高速公路横贯东西，境内县县通高速、乡乡通油路；贵昆铁路穿越全境，沪昆高铁在安顺设有平坝南、安顺西、关岭3个站点；黄果树机场已开通至北京、上海、重庆、深圳、南京、青岛等10余条航线；位

---

    * 吴杰：贵州省社会科学院区域经济研究所副研究员；王红霞：贵州省社会科学院农村发展研究所助理研究员。

于珠江水系上游北盘江的镇宁坝草码头可以直接通江达海。水陆空并举的交通建设加快推进，现代综合交通运输网络已基本形成，安顺作为贵州重要陆路交通枢纽的地理区位优势不断凸显，为优化农业投资环境、拓展农产品市场、拉动农业经济增长和增强农业对外交流提供了有效支撑，有利于乡村振兴战略的实施。

文化旅游资源丰富。安顺文化底蕴深厚，是贵州省历史文化名城，拥有穿洞文化、夜郎文化、牂牁文化、屯堡文化等独特的历史文化遗存，有"亚洲文明之灯"普定穿洞古人类文化遗址、"千古之谜"关岭"红崖天书""世界唯一"的明代屯堡村落、"中国戏剧活化石"安顺地戏、"东方第一染"安顺蜡染。多民族聚居，有43个少数民族，有特色鲜明、浓郁淳朴的民族风情。同时，安顺是中国共产党老一辈无产阶级革命家、全国"100位为新中国成立做出突出贡献的英雄模范人物"王若飞同志的故乡，是中国国民党中央常委"谷氏三兄弟"谷正伦、谷正刚、谷正鼎的故地。历史文化、民族文化和红色文化为全域旅游发展提供了绝好的资源支撑。多彩的民族民间文化和淳朴的乡风、乡情、乡韵、乡愁是拓展农业功能、发展乡村旅游最好的载体，有利于促进贵州农业融合发展，促进农民持续增收，有利于加快推进乡村振兴战略实施。

经济实力显著增强。全市2014年以来经济增速连续4年居全省前两位，2017年地区生产总值802.46亿元、同比增长12.3%，高于全省1.4个百分点，增速列全省第二位。相继获批全国文明城市提名城市、国家卫生城市、全国双拥模范城、国家首批新型城镇化综合试点城市、国家首批全域旅游示范区创建单位、全国首个农村金融信用市、国家第二批生态修复城市修补试点城市、全国唯一的"省部共建"石漠化片区水利精准扶贫示范区。

二、推进乡村文化繁荣发展

切实增强人民群众获得感、幸福感、安全感，必须坚持物质文明和精神文明"一起抓"，着力激发广大农民的积极性、主动性、创造性，加强培育良好家风、淳朴民风、文明乡风，有效促进乡村文化繁荣兴盛，焕发乡风文明新发展，为实施乡村振兴战略塑形铸魂。

（一）加强农村思想道德建设

以习近平新时代中国特色社会主义思想为指导，坚持培育和践行社会主义核心价值观，结合新农民特点，进一步深化思想道德内涵，加强农民思想道德建设，充分发挥新时代农民讲习所文化阵地作用，弘扬时代新风，为实施乡村振兴战略提供强大的精神支撑。

1. 全面提升农民思想道德素养

进一步加强新时代中国特色社会主义和中国梦的宣传教育，继续深入宣讲党的十九大精神，广泛开展形势政策教育，加强爱国主义、集体主义、社会主义教育。大力培育和弘扬"团结奋进、拼搏创新、苦干实干、后发赶超"的新时代贵州精神，大力培育和践行以社会主义核心价值体系为灵魂、以安顺优秀历史文化传统为底蕴、以现代文明素质为特征的新时期安顺人文精神。持续深化农民道德规范，凝聚道德力量，传播主流价值，大力实施农民道德建设工程，深入挖掘乡村社会蕴含的道德规范，强化道德教化作用，引导农民向上向善、孝老爱亲、重义守信、勤俭持家的传统美德。深入开展"明礼知耻·崇德向善"主题实践活动，深化诚信主题宣传教育活动，广泛开展对党和国家有忠心、对父母长辈有孝心、对社会有爱心、对伙伴有诚心、对发展有恒心、对自己有信心的"六心"教育，形成"守信行天下、失信寸步难"的强大舆论氛围。大力开展"新农村、新生活、新农民"思想宣传，着力将现代文明理念渗透到农民群众的心坎里，并自觉转化为日常行为，引导农民崇尚科学，塑造农民新风貌，凝聚新时代乡村建设强大精神力量。

2. 加强文化阵地建设

新时代农民讲习所是加强基层党建、密切联系党群干群关系的重要渠道，是脱贫攻坚的大课堂，是凝心聚力的文化阵地。要充分发挥好新时代农民讲习所这个重要文化宣传阵地作用，有效整合"道德讲堂"、党员活动室等其他阵地平台，充分利用好广播、电视、宣传栏等宣传载体，拓展新媒体宣传途径，创建全方位、多元化的传播平台。强化创新讲习方式方法，分类施策、因人施教，确保讲习效果，采取多样化的讲习形式，注重集中与分散相结合、固定与流动相结合，充分运用互联网、远程教育等信息化手段拓展讲习平台和载体。讲习内容应结合当地实际，贴近农民生活，始终把弘扬社会主义核心价值观作为主线，从大处着眼、小处着手，用小事例讲清楚大道理，引导村民把爱党、爱国同爱家乡、建家乡紧密结合起来。

（二）弘扬乡村优秀传统文化

充分发挥安顺历史文化、屯堡文化、红色文化等地方特色文化优势，加强保护利用非物质文化遗产，着力创造性转化、创新性发展乡村优秀传统文化，并将优秀的传统文化融入文化产品、文化服务和文化活动中，以新时代理念，快速推动安顺文化产业发展，引领黔中文化大繁荣、大发展。

1. 传承发展地方特色文化

深入挖掘安顺深厚的历史文化，摸清历史文化资源总量，以历史文化遗存保护整治为重点，着力文物保护、修缮、恢复及开发利用，加快推进历史文化集聚区建设，把历史文化街区打造为安顺文化旅游开发的重要载体。充分挖掘弘扬优秀传统农耕文化，结合"中国农民丰收节"，加大安顺农业文化遗产宣传推介力度。深入挖掘以文庙、武庙为代表的传统建筑文化，打造安顺文庙建筑及人文品牌，扎实推进"祭孔""孔子文化周"等活动品牌化。持续加大旧州镇、天龙镇、云山屯村、鲍屯村等历史文化名镇名村宣传，坚持保护历史遗迹的真实性、历史风貌的完整性、社会生活的延续性，切实为创建国家历史文化名城奠定坚实的基础。

传承发展屯堡文化。大力打造《大屯堡》实景剧、《屯堡女人》花灯剧、《屯堡花灯大型花灯剧》等屯堡文艺精品。定期举办各种丰富的屯堡民俗活动，持续举行"屯堡文化汇""屯堡文化展演"。加强完善屯堡文化基础设施及配套服务设施，加快推进大屯堡（乡村活态历史博物馆群落）云峰八寨（云山屯和本寨）、旧州古镇、鲍家屯、天龙屯堡文化产业片区建设。打造屯堡文化农庄、屯堡文化旅游特色小镇，推出屯堡文化创意产品，打造一批屯堡文化主题餐饮、民宿及酒店，扶持一批自主经营、自主创新的屯堡文化市场主体，加快推动屯堡文化产业发展。

传承发展民族文化。打造以布依、苗、回、仡佬等少数民族为重点的民族民间文化品牌，推进"安顺地戏、铜鼓十二调"等一批国家级非物质文化遗产代表和民族民间民俗的保护、传承。积极支持与民族传统节日相关的活动，大力弘扬民族传统文化，通过举办苗族的"四月八"、布依族的"六月六"、仡佬族的"吃新节"、回族的"开斋节"等节日活动，打造多民族传统节日节庆文化品牌。增强傩面具工艺品创意，切实推进傩文化发展。

传承发展红色文化。进一步深入挖掘以王若飞故居、黄齐生故居、陆瑞光陈列馆等为重点的红色文化，重点加快推进"红色旅游王若飞故居基础设施改造"建设，全力打造一批以王若飞为主题的红色文艺精品。切实推进陆瑞光纪念馆开放建设，积极支持陆瑞光纪念馆申报为市级、省级爱国主义教育示范基地。

传承发展三线文化、穿洞文化、亚鲁文化、三国文化。利用安顺地域内的 011 系统三线建设设施，加快建设航空博物馆，积极推进中小学航空科普教育，大力开展特色航空无人机比赛、航模比赛，开办航空专业职业教育培训，构筑三线建设航空文化产业片区，继承发扬三线文化精神。打造以普定穿洞古人类遗址、平坝飞虎山古人类遗址为重点的古人类文化品牌，加快推进集文物保护、遗址景观、人文景观、文化科普、会展接待等为一体的穿洞文化园区及平坝飞虎山古人类遗址建设。结合紫云格凸河景区建设，打造亚鲁王文化品牌，丰富苗族文化。保护开发关岭孔明堂与孟获岭遗址，传承发展三国文化。传承保护关岭古生物石化群和红崖天书文化，打造以关岭古生物化石国家地质公园、平坝恐龙化石遗址、兴伟石博园等为重点的地质文化和奇石文化品牌，重点推进科普教育基地、地质公园博物馆建设，促进文化事业及文化旅游业的发展。

2. 保护利用文化遗产

保护利用自然文化遗产。大力支持重要文化遗产地、抢救性文物、国家历史文化名城名镇名村和传统村落保护建设，积极推进贵州民族文化遗产保护百村计划和非物质文化遗产保护利用。积极推进黄果树、格凸河、屯堡、关岭地质公园捆绑申报世界文化和自然双遗产地。按照制度严格执行文物工作"五纳入"规定，完善各级文物保护单位的"四有"工作，达到文化遗产保存完好率大于 95%。

保护利用非物质文化遗产。按照"保护为主、抢救第一、合理利用、传承发展"的方针，深入挖掘整理安顺市非物质文化遗产，传承发展以安顺地戏、民族歌舞、安顺蜡染为代表的具有安顺特色、本土韵味、群众喜爱的优秀传统文化艺术。重塑有"东方第一染"之称的蜡染品牌，进一步挖掘蜡染内涵，讲好蜡染故事，着力蜡染产品创意，突出"少、特、精"高端品质，大力推进开发区"焕彩"蜡染产业园区建设。大力支持鼓励非物质文化遗产传承人开展传承、传播活动。

加强传统村落保护。整体保护利用好西秀区本寨村、鲍家屯村、平坝县天龙村等集中成片传统村落，以及保护利用好关岭县马崖村等其他传统村落，大力实施特色建筑修复、特色村庄保护、特色风貌延续工程，切实把历史文化村落培育成与文明乡风有机结合的魅力乡村。

3. 促进文化产业快速发展

充分认识农村文化产业作为特殊经济形态所具有的本体属性和对乡村发展产生的经济与社会的双重价值作用，为安顺新型城镇化试点培育和创造新的经济增长点，提升安顺市农村文化产业集聚度和规模化，2020 年，安顺市文化产业成为国民经济支柱性产业。

加强特色文化产业发展。加快手工艺、乡村旅游休闲文化服务业等重点文化产业发展，深入推进县域文化产业发展"三个一工程"（一批文化产业示范村、一批优秀演出团、一批特色文化产品），探索营造良好的文化创新创业环境，培育、引导、扶持文化"创客"和独具地方特色、具有示范引领作用的文化企业，发展文化创意产业项目。积极培育蜡染、书画、温泉等特色文化产业，以及生态休闲文化产业发展和建设。突出文化发展的个性化、特色化，注重发挥不同区域、不同文化艺术门类自身优势，充分发掘和利用历史的、地域的、现代的多种文化资源，形成各具特色的文化产业。切实推进"孝德文体创意城"项目取得实质性进展，推动创建国家级文化产业示范（试验）园区建设。

切实推动文化产业扶贫。深入推进文化产业"千村扶贫"计划，大力实施文化传承脱贫工程，以"非遗"项目代表性传承人培训计划推动贫困群众脱贫致富。依托农村文化资源，大力发展贫困地区群众就地就近创业就业，促进贫困地区形成"大众创业、万众创新"的良好氛围。实施乡村传统工艺振兴计划，重点培育传统工艺骨干传承人，积极动员传统村落贫困农户参与手工艺培训，培育具有地域特色和品牌价值的传统工艺产品，开发传统节日文化用品和民间艺术、民俗表演，切实推动农村文化产业扶贫。

加强文化与旅游深度融合发展。依托安顺旅游优势，加强文化资源与旅游产业发展相结合，丰富文化旅游业态，提升旅游的人文内涵，创新文化旅游产品，切实把民族民间文化习俗、红色文化遗迹、传统村落整体性保护、生态博物馆建设与旅游业有机结合，促进文化旅游发展。建设一批红色文化旅游景区、传统村落民俗文化旅游景区、生态文化旅游景区。

（三）强化乡村公共文化服务

持续完善农村公共文化设施建设，着力推动农村公共文化服务，使更多资源向农村和农民倾斜，继续实施"文化惠民、服务群众"办实事工程，强化文化惠民项目与农民群众文化需求相适应。

1. 完善乡村公共文化设施

按照公益性、基本性、均等性、便利性的要求，加快市、县、乡、村四级公共文化设施建设，进一步加强各级文化馆、图书馆、文化站、文化活动中心、文化活动室建设，形成以市、县级功能性文化设施为龙头、乡镇（街道）文化设施为基地、村（社区）文化设施为基础的均衡布局。实施重点文化惠民工程，改善农村文化服务设施，推动每个村镇建设完善新时代农民讲习所、乡（村）史馆、文化舞台、宣传栏、积德榜、体育活动广场等活动场所和载体，重点加快完善农民体育健身工程和文化广场建设。加强各县（区）、乡镇（街道）、行政村文化设施改造和服务升级，2020 年公共文化设施均衡覆盖，完成县（区）公共图书馆、文化馆、博物馆建设达标任务，完成乡镇（街道）综合文化站建设达标任务，行政村和社区文化设施达标，使综合文化服务中心覆盖到每个行政村。

2. 构建现代公共文化服务体系

加快构建覆盖城乡、便捷高效、保基本、促公平的现代公共文化服务体系，统筹好文化硬件和文化软件建设，统筹好"种文化"与"送文化"，推进基本公共文化体制改革，积极推动大文化与大数据深度融合。大力实施文化信息资源共享、农民文化家园等惠民工程，探索推进公共文化馆、图书馆总分馆制体系建设，进一步延伸文化馆、图书馆服务，开展公益性文化艺术培训服务、演展，多渠道扩展图书借阅服务，抓好数字图书馆设备配置。全面提升广播电视传播力，扎实推进广播电视高山无线发射台站基础设施等重点惠民工程建设，完善中央广播电视节目无线数字化覆盖工程和多彩贵州"广电云"村村通工程建设任务，建设卫星数字农家书屋。持续扎实推进农村公益电影放映，提高服务水平，进一步推动县城数字影院运营发展，加强广播电视安全播出保障管理。补齐公共文化服务短板，打通"最后一公里"，2020年，20户以下通电自然村实现广播电视"村村通"，广播电视覆盖率达到99%。

3. 增强文化产品服务有效供给

建立常态的乡村文化需求反馈机制，对需求信息进行筛选、分析和呈现，并向供应者和需求者进行反馈，基层综合文化中心要积极引导群众参与文化服务决策，以群众满意度为评价标准，在群众文化需求信息分析和反馈的基础上，对公共文化产品和服务供给做出相应调整，有针对性地提供文化产品和提升服务质量。及时完善农村体育文化活动设备、器材，为满足群众的美好文化生活需求提供有效保障。立足农村特色文化资源，实施农村文化艺术精品工程，推出更多更好激励作用强、影响范围广的文艺精品。

4. 加强乡村公共文化队伍建设

配强、配齐基层文化中心工作人员，切实选用具有一定专业基础的文化工作者，严把基层综合文化中心用人关，规范任用程序。加强基层文化队伍培训，按照"市级以培训专职文化队伍为主、县级以培训业余文化队伍为主"的原则，有计划地开展基层文化队伍培训，采取"走出去""请进来"等方式加强对文化骨干培训，强化文化专职队伍和业余文化队伍培训，全面提升文化队伍素质。制定优惠政策，让基层综合文化中心吸引和留住文化人才，积极创造条件，既要用事业和感情留人，又要通过改善工作和生活条件、提高乡村文化工作者待遇留住农村文化人才，吸引优秀文化人才向农村、基层流动。预计到2022年，每个乡镇都将初步形成一支规模适当、结构合理、稳定高效的文化服务队伍。

（四）加强农村精神文明建设

深化农村精神文明建设是实施乡村振兴战略的必然要求，是推进乡风文明发展的重要途径。要广泛开展文明行动，全面提升农村精神文明程度，焕发乡村文明新风，切实提升全市农村精神文明建设水平。

1. 广泛开展精神文明创建行动

统筹推进文明村镇创建，与农村人居环境整治相结合，完善内容创新形式，着力将精神文明创建活动覆盖到深度贫困地区、易地扶贫搬迁小区及贫困群众，大力开展"美丽农家"创建活动，推动"整脏治乱"专项行动进村入户，引导农民群众树立良好卫生意识、良好卫生习惯、文明健康的生活方式。不断丰富"四在农家·美丽乡村"创建内涵，坚持突出重点，着力提升文明村镇创建水平，深化开展文明村镇创建活动，预计到2022年，将创建两个省级农村精神文明示范县，全市县级以上文明村、文明乡镇占比达到全市村镇总数的65%以上。坚持价值引领，弘扬时代精神和社会主义荣辱观，深化乡风民风建设，大力开展家风建设活动，让好家风代代相传、好民风户户相连、好乡风村村相通。深入开展"星级文明户""最美家庭""好儿女""好婆媳""好邻居"等群众创建评选活动，预计到2022年，全市农村县级文明家庭创建将达到农村家庭总数的30%以上。广泛开展身边好人、最美人物、道德模范评选活动，以身边人、身边事为教材，教育引导广大群众崇德向善。充分发挥好农村新乡贤作用，创新开展新乡贤评选活动，选树当代新乡贤，弘扬善行义举，以家乡情怀凝聚各方人士支持家乡建设，传承乡村文明。

2. 不断丰富农民文化生活

全面实施文化惠民工程，为群众提供丰富多样的公益文化产品和服务，积极开展乡村文化艺术普及活动，引导农民养成文化生活习惯和文化消费习惯。大力开展群众性文化艺术精品评选活动和各类文化展示展演调演活动，积极引导广场文化活动健康、规范、有序地开展，继续推进"画家画安顺"系列活动，深入开展全民阅读活动，打造"书香安顺"。持续组织开展"我们的节日"活动，让节日更富人文情怀，让农村更具情感寄托。积极开展"送欢乐下基层""送戏下乡""送图书下乡""送电影下乡"文化进万家等文化活动。鼓励和扶持群众业余文艺团队建设，预计到2022年每个乡镇业余文艺团队不少于12支。此外，还要充分调动农民自办文化积极性，增强农村基层文化自我发展能力，丰富农村文化业态，让更多群众享受到地域相近、人文相亲的乡土文化。建立镇村志愿服务站，组建志愿服务队伍，大力普及以扶贫帮困、邻里和谐、保护环境为主要内容的农村志愿服务活动，推动形成互帮互助、向上向善的良好社会风尚，让志愿者在活动中体现自身价值与精神追求，并成为乡风文明建设的重要力量之一。

3. 深入开展移风易俗行动

着力加强农村无神论宣传教育，抵制封建迷信活动。大力推进生态殡葬，有效遏制散埋乱葬，积极倡导厚养薄葬，文明办丧，稳步推行殡葬改革，加快公益性公墓建设。树立文明祭祀观念，改变传统祭祀方式，形成文明祭祀良好风尚，坚持正面引导，重在规范养成，争做文明之风的倡导者和传播者。大力推进村规民约修订，积极成立村民议事会、道德评议会、禁毒禁赌协会、红白理事会为内容的"一约四会"乡村自我管理组织。到2020年全市所有文明村和"四在农家·美丽乡村"示范点建立"一约四会"，实现行政村全覆盖。

三、加快乡村旅游与文化融合发展

利用农业生产、农民生活、农村风貌以及人文遗迹、民俗风情等乡村旅游资源，大力发展休闲农业和乡村旅游，打造贵阳"后花园"，带动农村住宿餐饮、文化演艺、交通运输、商贸物流、农产品加工等相关产业的发展。2020年全市基本形成农文旅深度融合发展的乡村旅游产业体系，接待游客6500万人次以上，乡村旅游及休闲观光农业总收入达500亿元以上。预计到2022年，全市乡村旅游接待游客1亿人次以上，乡村旅游及休闲观光农业总收入达850亿元以上。

（一）完善乡村旅游规划布局

编制乡村旅游专项规划和线路规划，找准乡村旅游发展定位和方向。将大屯堡乡村文化旅游区、黄果树龙宫乡村旅游区打造成为全市乡村旅游核心区，大力推进北盘江大峡谷国家湿地公园乡村旅游发展轴、邢江河国家湿地公园美丽乡村景观轴、贵黄—贵安大道黄金旅游走廊、黔中大道安顺段美丽乡村景观带、安紫高速美丽乡村森林生态产业发展带五条乡村旅游黄金廊道建设。平坝—西秀城重点发展郊型乡村休闲度假，打造屯堡文化及秀美乡村旅游区；普定重点发展农旅结合、文旅结合，打造夜郎湖乡村旅游区；镇宁—黄果树—关岭重点以越冬避寒、户外运动、休闲养生、滨水度假休闲和民族文化旅游为特色，打造滨水避寒、休闲度假、运动养生和民族文化乡村旅游区；紫云重点依托格凸河风景区和亚鲁王苗族文化，打造山地体育与文化乡村旅游区。

（二）加快开发乡村旅游产品

利用景区、古村寨、民族村寨、屯堡村寨、特色产业村等特殊资源，突出特色，建设一批特色旅游村寨、休闲观光园区（农业基地）、生态农庄、户外运动基地、特色小镇、森林人家、民宿民居客栈、休闲酒吧，积极开发农业观光、民俗体验、科普教育、乡村度假、休闲运动、美食体验、影视摄影、养老养生、节庆赛事活动等特色乡村旅游产品，重点发展平坝樱花、西秀油菜和粉黛子观光游，镇宁樱桃和李子、平坝葡萄等采摘游，屯堡文化、民族文化体验游，镇宁、关岭、紫云山地运动游等旅游产品，构建以生态观光、文化风情、运动养生、避暑度假、农耕体验和大健康产业互动发展的农旅融合"5+1"旅游产品体系。支持和鼓励乡村旅游经营者、农民、林场职工等依托当地的特色资源，开发具有民族、地方特色的服饰、手工艺品、特色食品、旅游纪念品等旅游商品，逐步形成乡村旅游商品生产和销售体系。

（三）提升乡村旅游服务质量标准和服务能力

以"四在农家·美丽乡村"创建和乡村旅游扶贫行动为契机，大力发展乡村旅游公路和休闲慢行道，完善厕所、垃圾和污水处理设施，改善供电、供水、通信、消防、环卫以及教育、医疗卫生和文化等基础条件，建设餐饮、住宿、购物、娱乐、户外运动、文化体验等配套服务设施，全面加强乡村交通、停车场、厕所、住宿、餐饮、信息等基础设施建设，提高乡村旅游的可进入性与旅游活动的安全性、丰富性和舒适性。强化示范带动作用，鼓励和支持乡村旅游资源禀赋高、基础条件好、市场需求旺、资金和人才有保障、具有一定开发规模的地区，积极创建国家和省的休闲农业与乡村旅游示范县、旅游风情小镇、乡村旅游示范点。深入实施乡村旅游标准化行动，鼓励和支持乡村旅游村寨、客栈和经营户（农家乐）参与乡村旅游标准评定，建设一批标准化乡村旅游村寨、三星级以上客栈和经营户（农家乐），打造一批精品甲级旅游村寨、五星级客栈和经营户（农家乐）。重点开展对乡村旅游发展带头人、经营户和专业技术人员的培训，培养一批高素质乡村旅游管理人员、技能型人才及合格的从业人员。利用电台、电视台、报刊、互联网站、手机短信等媒体、媒介，支持和鼓励各地挖掘推广当地的乡土文化、民俗风情，举办乡村旅游节庆活动、乡村旅游线路推广活动等，大力宣传推介乡村旅游，着力构建乡村旅游营销体系。

新加坡经验对加快贵州文化产业创新发展的启示

黄 勇*

一、新加坡发展的基本经验

新加坡位于东南亚，是全球最为富裕的国家之一，属于新兴的发达国家，其经济模式被称作"国家资本主义"，是亚洲重要的金融、服务和航运中心之一，是继纽约、伦敦和香港之后的第四大国际金融中心。工业是新加坡经济发展的主导力量，快速发展至今，它已成为全球第三大炼油国，以及世界电子工业中心之一。新加坡现代经济发展的成功之路必定对贵州省的现代化经济体系建设有很大的借鉴之处。新加坡的现代经济发展模式可总结如下：

1. 政府强力牵引与高度市场化相结合

新加坡通过自由市场经济和外国直接投资来保证经济的高度开放，对高度市场化的领域实施不干预政策。但是，政府通过国家法定机构和国有企业来推动和发展国民经济中的主导部门和一些外资最初不愿进入的部门，以加强对国民经济发展的引导，培育独具特色的国有经济，发展跨国公司和中小企业。当这些产业部门能够独立在市场上发展时，政府又逐渐退出，以保证企业和产业适应市场化竞争。新加坡

---

* 黄勇，贵州省社会科学院副院长、研究员。

政府在产业链建设中发挥了关键性的作用。在大数据发展方面，新加坡政府还扮演了数据提供者的角色，主动披露政府掌握的数据让政府能够主动开放自己的数据，新加坡土地管理局研发的电子地图，就为基于位置的服务型企业提供了开放数据平台。新加坡陆路交通管理局则通过公共数据开放计划开放新加坡交通数据，鼓励企业甚至是个人开发提高公共交通效率的应用软件。新加坡环境局与多家企业合作，研究如何收取降雨量数据的方式，并通过掌握不同地区环境的数据，预测哪个地区接下来会暴发热带地区可能产生的疾病。新加坡鼓励大学设立数据挖掘和分析平台，鼓励企业设立数据分析中心。在人工智能领域，2017 年 5 月，新加坡政府宣布推出名为"AI. SG"的国家人工智能计划，计划在未来 5 年投入 1.5 亿新加坡元（约合人民币 7.5亿元）用于支持人工智能发展。

2. 制定完善的高精尖产业发展政策

在经济发展过程中，新加坡形成了一系列经济竞争原则：尽量使国家有竞争力来维持新币的币值；工资增加率不能超过劳动生产率，以确保制造业的竞争力；全面提高生产力。为保证产业竞争力，在宏观政策的制定与实施方面，新加坡政府敢于创新，制定了一系列产业政策，甚至是敢于推行不受欢迎但又必要的政策，以吸引外商或自主创业。政府鼓励创业，并提供大量的政府补助金。另外，在产业发展方面，强调一站式快捷服务，以提高产业运行效率。例如，在大数据发展方面，新加坡政府抓住了大数据发展的五大关键要素：基础设施、产业链、人才、技术和立法，来推进大数据建设。2016 年 10 月，新加坡政府成立新加坡技术局（GovTech），负责协调各个公共部门，整合推动政府的数码科技策略，发展物联网、大数据分析、地理空间技术以及人工智能等，科技局与不同的公共部门和企业合作推出新平台，简化网络申请。

3. 打造世界一流的产业基础设施

通过完善的基础设施和产业园区的建设来缩短制造业的建成时间，从而增强作为制造业和服务业的国际竞争能力。这些基础设施包括新生水厂、港口、机场、物流园区等，其中重点是大力建设港口、机场等交通设施。在打造产业、工业园区方面，与单独的工业开发相比，制订整体规划对实现工业发展和环境保护有序平衡有着重大意义，还可以提升土地生产力水平，同时也对远期产业预留足够的发展空间。例如，在经济信息化基础设施建设方面，新加坡政府早在1980年就推出了"计算机化的国家计划"；在1992年提出了"IT2000智能岛计划"；2006年提出"智能城市2015"的信息化计划，2014年提出实施"智慧国2025"。新加坡信息化建设是政府的信息与通信发展管理局来完成的，《智能国家2015计划》中明确提出，要建设超高速、普适性、智能化、可信的通信基础设施，培育全球具有竞争力的通信产业和人才，完成加速经济、政府和社会的转型。新加坡在基础建设投资方面毫不吝啬，是世界十大高速网络架构之一，并承载了东南亚地区半数以上的第三方数据中心储存量。新加坡已确立全球数据管理枢纽的地位，汇集了东南亚超过50%的商业数据托管及中立运营商数据中心。另外，新加坡充分利用相关学科领域的成果，建设了具有高科技含量的城市公共基础设施，这是实现城市和产业园区有效管理的基本条件。新加坡从环境治理、污水处理与再生利用、垃圾焚化到"智慧城市"打造，所有的基础设施建设项目都面向未来，引入世界上最先进的技术，不惜巨资，建设最先进的工程。从某种程度上说，新加坡是世界上城市基础工程建设投入最大、最先进的城市之一。

4. 高度重视科技创新与产业融合发展

新加坡是借助跨国公司研发活动提升本国创新能力的成功典范，其跨国公司研发开支占企业部门总研发开支超过60%。全球有7000多家跨国企业在新加坡设立机构，其中60%的企业设立了区域或国际总部。通过国家科研机构加强与跨国公司合作开展技术攻关，借助跨国公司掌握研发的核心关键技术，经过引进、消化吸收、再创新，实现自主创新和集成创新。新加坡设立研发基金鼓励跨国公司开展研发活动，鼓励跨国公司在新加坡设立研发总部、开展研发活动。政府也特别注重扶持中小微企业的科技创新活动，新加坡出台一系列中小微企业科技创新计划，在降低服务费用、提供技术支持、鼓励科技创新、培育创业人才、加强服务指导、缓解资金制约等方面制定一揽子政策或计划，不断提升中小微企业创新水平。在科技创新过程中，高度注重科技创新与产业化融合发展，激励企业和研发机构最大限度地发挥研发创新方面的专长，促进新加坡向知识导向型经济升级转型。

5. 高度重视普通教育和职业培训

政府高度重视教育的发展，树立"终身学习"的理念，通过不断增加投入以及教育体制及结构的改革，普及提高教育水平，通过大学、大专、工艺学院和在职训练班完善的职工教育培训体系来开发人力资源，为产业发展提供所需的人才。另外，通过工资政策、中央公积金制度、职业技能培训计划、外籍劳工政策等来对劳动力市场进行干预，把劳动力成本控制在合理程度。

二、新加坡主要文化产业概况

1. 演出展览业

近年来，新加坡的艺术取得了长足的发展。2000 年政府《文艺复兴城市报告》提出将新加坡建设成世界级文化城市，决定在未来 5 年内增拨 5000 万新加坡元，使艺术团体和公司有更多的资源发展艺术精品，提高艺术专业水平。

2. 媒体业

新加坡政府希望把新加坡发展成为亚太地区主要媒体中心之一，

在媒体发展方面形成自己的优势。近年来，新加坡在媒体发展方面采取了一系列重大措施，进一步推动媒体业的发展。1995年引进付费电视。2000年，政府通过政策允许两大媒体集团——新加坡报业控股和新传媒集团互相进入对方的业务领域，同时进军互联网业务，新加坡媒体开始进入全面竞争阶段。在此之前，新加坡报业和广播电视业分别由新加坡报业控股和新传媒集团控制。2002年，新加坡政府推出"媒体21"计划，进入全面打造世界媒体城阶段。2003年7月，新加坡政府在"媒体21"论坛上宣布将在未来5年内投资1亿新加坡元，致力于出口新加坡制造的媒体产品，培养高素质媒体人才，发展数字媒体及扩展海外市场。2004年7月，新加坡争取到美国卢卡斯电影公司（LUCASFILM）在新加坡成立数码动画工作室。这将推动新加坡媒体业的发展，为新加坡创意人才走向国际舞台提供新的平台，有助于新加坡从信息经济转型为创新经济。

（1）电视广播方面。新加坡拥有2家免费电视公司，提供7个电视频道；5个免费广播电台，提供18个电台频道。免费广播机构包括：新传媒电视私人有限公司、新加坡报业控股报业传讯、新传媒广播、新加坡联盟传讯私人有限公司、新加坡武装部队电台、国家艺术理事会、英国广播公司世界服务（BBC WORLD）。在新加坡经营的国际卫星广播公司有AXN、BBC、CNBC亚洲、亚洲探索频道、ESPN体育台、HBO亚洲电影、亚洲MTV和迪斯尼国际电视。付费电视由新加坡星和电视电缆公司独家经营。截至2003年，新加坡付费电视用户为38万户。

（2）报纸方面。新加坡有10份日报，其中英文报纸5份，华文报纸3份及马来文报纸《每日新闻》和淡米尔文报纸《淡米尔日报》。10份报纸中，除《今日报》是由新传媒报业出版，其他报纸都属于新加坡报业控股集团。

（3）电影方面。1998年新加坡电影委员会成立，以种子基金扶持新加坡电影业发展，培养新加坡在电影制作、生产方面的人才。新加坡的电影主要靠进口。

3. 艺术培训

新加坡政府认为，创意产业将在未来社会的发展中发挥重要的作用。为使新加坡在未来经济中更具竞争力，新加坡政府认为有必要培养具有技术技能和创新思维的人才。2002 年，初级学院（相当于我国的高中）和初中教育审查委员会建议政府有必要建立体育、数学、科学和艺术专科学校。随后，"再造新加坡委员会"也建议政府设立中等教育水平的艺术学校。

目前，新加坡高等教育中设有艺术及与艺术有关的课程。新加坡国立大学设有杨秀桃音乐学院并设置戏剧、建筑和工业设计等学位课程；南洋理工大学设有大众传媒学位课程。此外，一些理工学院和艺术学院也设有与艺术、设计和媒体有关的文凭课程。私立的南洋艺术学院和拉萨尔——新航艺术学院也设有与艺术有关的课程。对比高等教育，中等教育似乎并没有为那些早期对艺术感兴趣或显露艺术天分的孩子提供进一步发展的途径。对艺术感兴趣的孩子可以在初中和高中阶段选择学习艺术课程并作为会考科目，但大多数学校在艺术教育方面存在师资力量不足等问题；"艺术与音乐精选课程"也仅限于特选中学和几所初级学院。因此，一些有天分的学生在这一阶段的发展受到影响。

三、加快贵州文化产业发展的建议

新加坡的发展取得了巨大的成功，在几十年的时间内即实现了经济的现代化，很值得贵州省借鉴。作为贵州来说，在新时代背景下，必须牢牢守住发展与生态两条红线，围绕比较优势和竞争优势，加快发展具有贵州特色、符合文化经济发展规律、高质量发展的文化产业。

1. 加快推进文化创新产业发展

加快推进融合发展型的文化产业转型升级，加快与旅游业、大数据信息服务业的融合跨越式发展，增强与其他服务业、工业、农业互动协调发展。大力实施文化产业创新发展战略，加快新兴产业、新兴业态发展，强力推动文化产业与大数据、互联网、人工智能和实体经济深度融合，加快培育文化新经济增长点。

2. 加快文化创意示范区建设

加快实施各类优秀人才培养和引进计划，重点在高校、科研院所、重点企业建设文化创新团队，组建一批省级文化产业战略联盟。完善以企业为主体、市场为导向、产学研相结合的创新体系，充分利用全球文化创意资源，结合国家科技重大专项，集中攻克一批关键核心创意技术，提升产业核心竞争力。依托各类开发区、园区和基地，促进文化创意活动与产业集群、产业基地有机结合，积极推进产业集群向创新集群转型，积极创建文化创意发展示范区。加大文化创意产业招商力度，助推内陆开放型经济发展。

3. 深入推进文化产业领域的供给侧结构性改革

把提高供给体系质量作为主攻方向，深入落实"三去一降一补"，着力解决文化产业发展中遇到的问题。深化重点领域改革，简政放权，用政府权力的"减法"来换取市场活力的"乘法"，促进"大众创业、万众创新"。鼓励引导民间资本向文化产业集中，加快制定民营企业进入特许经营领域的具体办法。加大财政资金支持力度，争取对采购和应用进入目录产品的省内文化企业进行补贴，鼓励发展新兴文化业态。要创新投入模式，加大文化园区和项目建设。扩张新兴业态规模的基本途径是通过扩大投资做大增量、加快转型、盘活存量，重点则是实施大项目。大力提升文化服务实体经济的质量和效率，加快构建与现代产业体系、生产体系、经营体系相匹配的现代文化产业体系。建立稳定的政府投入增长机制，促进金融机构增加对文化产业的信贷投入。大力发展创业投资和股权投资，鼓励和支持文化企业充分利用中小板、创业板市场上市融资，促进资金要素配置向新兴产业倾斜。加强文化基础设施网络建设，大力提升基础设施运行效率。加快推进产业向园区集聚，提升园区承载能力和发展质量。

正安吉他文化产业发展思考

陈绍宥　蔡　伟*

摘　要：2012 年，正安县委、县政府瞄准"正安 20 多万外出务工人员中，有 5 万人都在造吉他"这一吉他"专业"人才优势，出台一系列优惠政策吸引在外的正安人回来创业，开发自己的吉他产业。经过 5~6 年的培育发展，截至 2018 年底，"正安·国际吉他产业园"已入驻吉他生产及其配套企业 56 家，产销吉他 602 万把，同比增长 18.9%，产值 60 亿元，同比增长 20%。小小的吉他"叩响"了世界，遵义正安也因此荣膺了"中国吉他制造之乡"的称号。

关键词：文化用品；吉他；正安

"正安·国际吉他产业园"现拥有标准厂房 70 万平方米，已入驻吉他生产及其配套企业 56 家（吉他生产 38 家、吉他配套 18 家）。2019 年新入驻的企业有 6 家（含 2018 年签约但未入驻的 4 家），原来入驻的企业有 7 家增加了生产线，正在洽谈有望入驻的企业有 10 家以上。2018 年产销吉他 602 万把，同比增长 18.9%；产值 60 亿元，同比增长 20%；园区企业解决就业 13768 人，同比增长 20%；其中，精准识别建档立卡的贫困人口 1294 人，同比增长 11.6%。截至 2019 年 7 月底产销吉他 386 万把，同比增长 8%。预计到年底将突破 700 万把，产值将达 70 亿元以上。现在园区内的企业除为世界各大吉他品牌代工

---

*　陈绍宥，贵州省社会科学院区域经济研究所副研究员。蔡伟，贵州省社会科学院工业经济研究所副研究员。

外，已自主研发并注册了"格拉苏蒂""维特利""百斯卡""Sevinia""声音花园""0818""wei""威伯""贝加尔""天缘"等 34 个吉他自主品牌。其中"贝加尔"乐器已成为风靡网络的"网红"乐器品牌，通过网络销售平台，每天售出 1500 把。正安吉他产业园生产的多个世界知名吉他品牌，出口到美国和巴西等 30 多个国家和地区，占亚洲市场的 20%、美国市场的 30%、巴西市场的 40%。

一、主要做法

第一，快速推进基础设施建设，筑牢发展平台。在已有 70 万平方米标准厂房的基础上，快速推进吉他文化创意产业园和吉他文化城项目为主的基础设施建设，极大地拓展了园区发展空间，增强了园区的吸引力，2019 年台湾、福建等地 6 家吉他生产企业落户并投产，使正安吉他的集群优势更加明显，带动效应更加突出。吉他产业在增加地方税收、创造就业机会等方面作用凸显，有效带动县域经济快速增长。

第二，不断积淀吉他文化底蕴，筑牢品牌形象。省委宣传部高位推动，拍摄完成《吉他兄弟》电视剧并即将播出，开演了吉他文化音乐剧《吉它·吉他》，正安吉他的故事走进央视 18 次。正安吉他走出国门，参加了美国、德国、巴西、阿根廷、日本等地 10 场推介会，得到了国内外业界的一致好评。2019 年 4 月 2 日省委宣传部部长慕德贵率正安吉他在巴西、阿根廷、墨西哥精彩亮相，令人惊艳不已。8 月 9 日省政府在国新办举行了新中国成立 70 周年贵州专场新闻发布会，正安吉他作为全省优质文化产品也亮相发布会"决战脱贫攻坚中的多彩贵州"发展成果展，为贵州赢得盛誉。先后荣获"中国吉他制造之乡"、国家轻工业部颁发的"2019 年度乐器行业优质资源奖"和贵州省文改办颁发的"贵州省文化产业十佳品牌"。崭新的正安吉他品牌形象誉满全国，走向世界。

第三，全力推动标准体系建设，锤炼吉他品质。实施标准化战略，推进吉他制造从数量扩张向质量提高，着力培育正安吉他制作工匠，提升产品品质，正安吉他深受国内外吉他知名品牌商的青睐。世界十六知名品牌中有六大品牌与正安建立了长期合作关系。在做好与国际吉他大品牌合作的同时，加大自主品牌创建力度，目前有 38 家吉他生产企业自主研发注册品牌 43 个。部分品牌已在国内占有一定市场，特别是吉他品牌"威伯"，通过线上销售，稳稳地走在国内吉他电商销售前列。

第四，扎实推进吉他产业就业，助推脱贫攻坚的贫困户。吉他产业助推脱贫攻坚成效显著，在园区内企业工作满一年，将获 2000 元补贴作为奖励，鼓励企业更多地将招工的目标聚焦到贫困户身上。截至 2019 年 8 月，已解决就业 14178 人，其中建档立卡贫困户 1374 人，人均月收入近 4000 元，带动了 6726 人稳步脱贫。特别是瑞濠易地扶贫搬迁安置点搬迁入住的贫困户，有 425 人在园区务工，吉他产业的快速发展，搭建起了搬迁贫困户脱贫致富奔小康的彩虹桥，正安吉他产业成为助推脱贫攻坚的大扶贫产业和精准扶贫示范产业。

二、发展环境分析

由于受环保新政、成本上涨、出口受抑，以及移动互联经济+智能制造多重因素影响，吉他制造工业规模化和标准化水平进一步提升，产业链主动向音教、演艺文化市场延伸拓展。

（1）环保严管与成本要素增长抑制行业发展增速。近年来，乐器行业发展首要面对的是环保整顿和成本继续增高的现实问题。企业的材料和人工成本，以及物流仓储和能源成本提高，新增环境整治投入加大，产业发展进入转型升级关键期，没有参加环境评价的中小企业停产整顿。从行业发展趋势看，乐器行业跳出早前传统运营思维，探索新经济下的现代制造业创新发展模式势在必行。

（2）阔叶黄檀限制出口冲击吉他制造业。近年来，由于国际濒危物种保护公约组织将阔叶黄檀类木材列入限制目录，直接冲击吉他制造业。对于吉他玫瑰木指板材料的应用与替代转型，尽管制造企业和行业协会采取积极应对措施，但还是对企业成本控制和产品出口形成不利影响。

（3）社会音教市场线上线下协同发展，音乐文化消费潜力得以释放。综观近年乐器消费市场，乐器产销与音乐教育消费扩展迅猛。近年来，北京音乐生活展和上海国际乐器展音乐教育展区面积和展商数量呈现几何增速，社会音乐教育市场或迎来投资热潮。在国家文化产业政策扶持下，社会音乐文化消费潜力得以释放。同时，移动互联APP多媒体音乐互动教学社区相继浮出市场水面，乐器消费和音乐教育市场黏合度明显提升，乐器行业市场活跃度得到生动体现。

（4）产业结构转型升级，促使企业标准化程度提升。2018 年，面对环保新政与成本增长抑制因素，全球经济回暖依旧乏力，北美和欧洲市场对中国乐器进口产品总量递减 1.48%，而国内乐器进口市场反而活跃，增长 7.21%。直接反映外资品牌市场敏感度高，紧跟内地文化市场创建步伐，加大国内市场品牌布局力度，内外资品牌同场竞技，乐器市场竞争加剧，企业转型升级和标准化程度提升压力加大。

三、2019 年吉他产业展望

盘点 2018 年我国吉他产业总体发展格局，面对新经济形势下的市场变局，市场竞争要素日趋错综复杂，乐器制造行业工业增速和盈利水平因结构调整受到不同程度的抑制。行业骨干企业通过拓建现代工业流水线，立足中高端产品研发与推广，化解环保成本压力，产业向中高端市场有序转型升级。另外，面对移动互联新经济，乐器制造企业从被动线上营销，开始主动进驻移动互联消费市场，主动与消费终端建立文化消费对话平台机制，通过策划品牌文化创建活动，制造品牌文化营销的亮点，为2019年乐器产业文化创新持续注入生机活力。展望2019年，全国吉他行业面临以下三方面问题：一是技术水平不平衡，科技创新能力不够强；二是产业链协调欠缺，专业化合作滞后；三是存在加工技术要求高、行业科技人才匮乏等不利因素。面对压力与变局，吉他行业要在品牌科研与文化创新领域精耕细作，在变局中谋求创新增量，在新经济形态下要吉他工业、吉他文化、吉他旅游"三位一体"谋划吉他制造产业的生存和发展。

四、推进吉他产业融合式发展

按照吉他工业、吉他文化、吉他旅游"三位一体"同步发展思路，培育壮大吉他制造业，厚植吉他文化、沉淀吉他文化产业基础，将吉他培训、演绎演奏、吉他文化节、吉他博物馆等纳入园区，开发吉他旅游衍生品，打造吉他旅游精品线，不断提升吉他节会、展会的举办水平，使吉他工业、吉他文化、吉他旅游互为基础，全力以赴做大做强、做优做精吉他产业，努力把"正安·国际吉他园"打造成"中国唯一、世界一流"的吉他文化产业园。

一是继续培育壮大吉他工业。抢抓环保新政促产业集群转移机遇，积极承接吉他产业及相关配套产业落户正安。充分发挥正安人力资源优势和园区集聚效应，继续全力招商引资，大力发展吉他制造产业。牢牢抓住吉他产业进行精准招商，着力补齐、补强吉他产业链条，全力构建吉他现代产业体系，不断扩大"正安·国际吉他园"规模、提升知名度和影响力。全力支持现有乐器制造企业扩大规模、提升产能、创新品牌。产品结构升级换代，中高端转型助力品牌拓展。面对新经济形势下的市场变局，行业骨干企业通过拓建现代工业流水线，提升产品量化制造标准，化解环保成本压力，产业向中高端市场有序转型。面对产业结构升级，正安吉他深入融合互联网＋、智能制造等新兴技术，拓展产业服务链，关联发展音乐文化产业。以智能吉他为教育入口，构建"智能硬件+线上教育平台+线下钢琴教室+音乐教育大数据"为一体的吉他教育生态，推进吉他制造向中高端市场有序转型。加快推进传统制造业标准化升级，加大机械化、自动化设备投入和使用，以现代数控设备的产能规模化优势化解环保与成本压力，有效降低生产技术难度，提高产品标准化水平，提升企业核心竞争力。

二是继续大力塑造吉他文化。不断营造吉他文化产业浓厚氛围，积淀吉他文化产业基础，建立吉他文化教育基地。深入推进"五个一"工程，办好"首届中国吉他制作大赛""中国正安消夏吉他文化节"等系列活动，培育、发展一批吉他专业人才队伍，创作、推出一批吉他文艺精品力作。实施吉他人才"百千万"工程，将吉他文化融入正安的经济、政治、文化发展中，全力打造世界知名的吉他文化中心。顺应时代需求，创建吉他云端课堂，"吉他+互联网+教育+娱乐"产业链拓展思维导向，探索人工智能、前瞻数码技术与传统乐器的结合，拓宽延伸产业链，推动吉他制造企业向研发、制作智能化乐器产品领域有序转型。面对内外资平台同台竞技的市场格局，大型企业立足传统品牌文化沉淀优势，在社会文化市场主动进行品牌移植与介入，以多样化的音乐文化创意活动，提升品牌与终端用户的黏合度。

三是继续大力实施品牌战略。着力推进吉他检验检测平台建设，严把吉他产品质量和标准，提升吉他品牌档次。积极帮助吉他企业开展质量管理体系、环境管理体系、职业健康管理体系、售后服务管理体系等认证，引导吉他企业制定吉他地方标准，让正安吉他质量标准、工匠标准、大师标准等成为全国乃至世界的吉他行业最重要的依据和标准。面对移动互联新经济，乐器企业主动进驻移动互联消费市场，展开品牌和渠道创新布局，通过文化创意制造品牌文化营销亮点，有序提升用户的品牌认知度。面对乐器电商渠道分流和音教市场投融资风潮升温，社会音乐教育产业借助移动互联技术和风投资本，形成线上多媒体 App 音乐互动社区和线下实体培训机构并行发展的格局。

四是继续深入吉他旅游。全力推进吉他文化城学校、博物馆、演艺厅、酒店等公共设施建设和吉他文化创意产业园、吉他小镇等项目建设。围绕"全域旅游示范区"的目标定位，将吉他工业与大文化、大旅游、大健康深度融合，积极开发吉他旅游衍生品，打造吉他旅游精品线，不断提升吉他节会、展会举办水平，使吉他工业、吉他文化、吉他旅游互为基础，相互促进，共同发展。依托国家文化小镇的创建扶持政策，地方乐器产业从产研制造到文化市场培育，谋求全产业链闭合循环发展。

五是推进科技成果转化，促进生产力水平的提升。在吉他行业遭遇"玫瑰木"事件后，积极加强吉他技术研发机构展开技术攻关，加大新材料、新产品的研发力度，加快推进转型升级。

专题研究
Project Work

政策支撑文化产业高质量
发展的贵州实践

王红霞[*]

摘　要：政策支撑是推动文化产业发展的有力保障和重要举措，政策的完善程度和是否及时落实到位，事关文化产业发展能否顺利、高质量推进。本文通过阐述贵州省在充分认识政策重要意义的基础上，总结贵州在保障文化改革发展和文化产业高质量推进上进行政策支撑的有益实践，分析政策落实过程中存在的问题和不足，并提出政策支撑贵州文化产业高质量发展的对策建议。

关键词：政策支撑；文化产业；高质量发展

近年来，贵州省认真贯彻落实习近平总书记关于全面深化改革和加快文化改革建设以及文化产业发展的系列重要论述精神，按照中央全面深化改革委员会和中央文改领导小组的工作部署，深入推进文化改革和文化产业发展。尤其是充分发挥文化经济政策"保驾护航"作用，释放改革发展"红利"，不断激发文化活力和创造力，释放文化生产力，为积极稳妥、有力有效地推进文化改革和文化产业发展提供了可靠保障和支撑。

---

* 王红霞，贵州社会科学院农村发展研究所助理研究员。

一、政策支撑文化产业高质量发展的重要意义

（一）政策支撑助力保障文化企业健康发展

习近平总书记在党的十九大报告中明确指出要"完善文化经济政策"，这是推动文化事业和文化产业发展、实现社会主义文化繁荣兴盛的必要条件和重要保障。对此，中央政治局委员、中央书记处书记、中央宣传部部长黄坤明也多次强调、提出要求，强调要"完善和落实文化经济政策、行业管理政策，抓紧做好文化体制改革综合配套政策的修订延续工作""最有力的支撑就是政策法规体系建设更加完善，支持文化体制改革的综合配套政策再延续5年，《图书馆法》正式实施，一系列文化行政法规相继出台，依法管网治网深入推进，文化改革发展的环境持续优化"，并要求"要抓好政策落地，为文化企业健康发展提供保障和助力"。中央宣传部多次提出要求，各地各部门要"全面了解掌握政策，把握政策中的要点，化解落实时的难点，切实把政策用好用足用活，推动企业抓住战略机遇，利用政策红利，更好地坚持把社会效益放在首位，出更多精品力作"，要求"针对文化经济政策执行中存在的薄弱环节和突出问题，加强宣传培训、加强创新拓展、加强督促检查，研究破题的具体路径"。

（二）政策支撑有效激励文化产业发展动力和活力

政策的功能主要体现在引导调控和激励保障两大方面，政策的完善程度和落实力度事关改革发展的进展与成效。贵州省认真贯彻中央精神和要求，坚持以落实文化经济政策为重要手段，"扶上马、送一程"，在为改革单位减轻负担、助推改革发展上发挥了积极作用。贵州省有关部门加强文化经济政策的宣传普及与答疑解惑，不断增强服

务意识，把政策精神全面传递到文化企业，切实提高政策的知晓度和落实力，并把落实上级政策作为是否讲规矩的体现，纳入年度督查考核。在认真贯彻落实国家已出台各项文化经济政策的同时，贵州省紧密结合工作实际，尤其是突出重点、聚焦难点，陆续出台了一系列支持文化改革发展的配套政策，采取一系列措施，更好保障了国家文化经济政策在贵州落地落实，有力地将贵州文化改革和文化产业发展不断推向前进、引向纵深。自 2006 年以来，贵州省先后出台的《关于推进文化体制改革和加快文化发展的若干意见》《关于经营性文化事业单位转制后人员分流、社会保险和支持文化企业发展有关问题的意见》《关于贯彻党的十七届六中全会精神推动多民族文化大发展大繁荣的意见》《关于深化文化体制改革的意见》《关于推进文化创意和设计服务与相关产业融合发展的实施意见》《关于推动国有文化企业把社会效益放在首位、实现社会效益和经济效益相统一的实施意见》《关于建设多彩贵州民族特色文化强省的实施意见》《关于扶持文化产业园区（基地）建设发展的若干政策》等政策措施，含金量高、针对性强、操作性强。文化经济政策更加健全完善，文化改革发展环境得到不断优化，改革单位尤其是国有转制文化企业吃下了"定心丸"，不断释放发展潜力、激发发展活力、培育发展动力。实践证明，贵州省近年来文化改革和文化产业发展的顺利持续推进，与上述系列文化经济政策的出台和实施密不可分，手中握有政策，心里便有底气。用足用好文化经济政策，发挥政策"红利"的指挥棒作用，既能有效引导调控改革发展沿着既定目标推进，又能有效激励保障改革单位的发展动力和活力，在推动文化改革发展中达到"事半功倍"的效果。

二、政策支撑推进贵州文化产业高质量发展的实践探索

本着"能宽则宽、能优则优、能快则快"的原则，贵州省各有关

部门从部门职能职责出发，积极落实国家和省关于文化经济政策的各项优惠措施，大力营造良好的政策环境，支持培育壮大文化市场主体、加快推动文化产业发展，在多个领域取得了明显成效。

（一）财政投入力度不断加大

贵州省在 2009 年制定出台的改革配套政策中，明确"经营性文化事业单位转制后，财政部门按转制前一年的财政正常预算数为基数，继续安排正常事业费，主要用于解决原经营性文化事业单位转制前已经离退休人员和转制前参加工作转制后退休人员的社会保障问题以及转制前参加工作转制后待岗人员的基本生活费"的政策，近年来的实践表明，这一优惠政策在推进文化体制改革工作上发挥了非常显著的作用。在确保按照规定继续安排转制单位正常事业费的基础上，省级财政还安排专项资金用于转制单位的资产评估、审计、政策法律咨询等。

省财政不断加大省级文化产业发展专项资金的投入力度，由 2006 年的 1500 万元逐年递增到 2018 年的 6500 万元，累计投入资金超过 55000 万元。在争取中央财政文化产业专项资金支持方面也呈现逐年递增的趋势。根据国家有关财政资金使用规定，及时修订完善《省级文化产业发展专项资金管理使用办法》，改革创新资金使用方式，积极探索实施股权投资运作模式，更好地发挥资金效率。

贵州省按照省委、省政府印发《关于深化文化体制改革的意见》明确的"国有经营性文化单位转制后培育发展期间，其国有资本收益金实行收支两条线管理，先上缴同级财政部门，由同级财政部门再按单位上缴的国有资本收益金额，通过项目支出方式专项用于支持转制文化企业发展"政策，推动了符合国有资本收益上缴条件的有关省属国有文化企业享受政策优惠。据初步测算，2016~2020 年，7 家省属国有文化企业预计上缴国有资本收益 25000 多万元。2017 年，省政府批准同意 7 家省属国有文化企业作为省属重点国有文化企业从 2016 年起至 2020 年底前均采取"直接免缴"的方式免缴国有资本收益，以进一步贯彻落实国家关于"两个效益相统一"文件要求，助推省属国有文化企业改革发展。

（二）税收减免政策落实到位

贵州省认真贯彻落实《财政部、国家税务总局、中宣部关于转制文化企业名单及认定问题的通知》（财税〔2009〕105 号）精神，结合贵州实际，制定出台《关于转制文化企业名单及认定等问题的通知》（黔财税〔2009〕73 号），严格按要求认定转制文化企业并及时兑现税收优惠政策。省财政、税务部门在严格落实国家财税政策的前提下，进一步简化工作流程，开辟绿色通道，在对转制文化企业的认定及发布工作上，采取会签审核制，节约办文办会成本，确保转制文化企业及时享受到相应的税收减免。在具体办理税收减免过程中，省税务部门切实优化服务，加大税收政策解读及宣传普及，营造了良好的税收环境，对企业改革发展发挥了极大的促进作用。2013 年贵阳市高新区获科技部、中央宣传部、文化部、新闻出版广电总局命名为第二批国家级文化和科技融合示范基地，推动形成了国家数字内容产业园、贵州青年文化创意产业园、贵阳火炬软件园"一基地三园区"的空间发展布局，落实相关税收优惠。并以此为平台，营造文化科技产业发展的良好环境，建设以文化产业为抓手，以专业园区、产业基地、展示中心、主题公园等为载体，发展绿色高新文化，打造大数据文化传播中心、创客文化示范基地等，推动创新创业。

（三）土地处置呈现明显效果

认真落实国务院办公厅印发的《文化体制改革中经营性文化事业单位转制为企业和进一步支持文化企业发展两个规定的通知》（国办

发〔2014〕15号）、《关于改革土地估价结果确认和土地资产处置审批办法的通知》（国土资发〔2001〕44号）和国土资源部办公厅《关于印发〈企业改制土地资产处置审批意见（试行）〉和〈土地估价报告备案办法（试行）〉的通知》（国土资厅发〔2001〕42号）等政策文件精神。贵州省相关牵头部门切实加大部门联动，及时为相关国有文化企业办理土地处置事项，先后顺利推动贵广网络公司、贵州出版集团、多彩贵州文化产业集团以及贵州广电传媒集团下属伊思特文化传播有限公司、广播影视投资有限公司等国有文化企业划拨土地。土地转增国家资本金后，客观上增强了企业实力和内生动力，特别是取得土地商业化运作的资格，有利于企业对外开展融资，部分企业已经在紧锣密鼓地开展项目招商引资工作，不断加快推动企业发展壮大。

（四）社会保障解决后顾之忧

贵州省认真落实国办发〔2014〕15号文件关于社会保障方面的各项政策要求，切实为转制文化企业干部职工解决后顾之忧。特别是结合2009年根据国家政策出台更加优惠的配套政策规定，采取"补差"政策妥善解决干部职工参加社会保险问题，进一步确保了转制文化企业干部职工在改革转型中平稳顺利过渡。针对贵州广电传媒集团、贵州出版集团和贵州文化演艺集团下属19家在转制前已在省本级参加自收自支事业单位试点养老保险的企业，根据国办发〔2014〕15号文件关于"经营性文化事业单位转制后应按企业办法参加社会保险"的规定和贵州省编委办、省人力资源和社会保障厅、省财政厅联合出台实施《关于妥善处理原省本级统筹自收自支等事业单位养老保险试点政策有关问题的通知》（黔人社厅通〔2016〕438号）有关安排，三个集团下属转制单位已由自收自支事业单位试点养老保险制度转入企业养老保险制度，转制后退休人员基本养老金月人均增加千余元，确保改革发展平稳过渡。

（五）工商注册登记有序落实

贵州省工商部门结合全省商事制度改革，积极配合开展文化体制改革。全面贯彻落实注册资本登记制度改革，实行"实缴制"改"认缴制"，取消对出资方式、最低注册资本的限制，为经营性文化事业单位转企改制提供便利。实行"先照后证"改革，削减企业设立前置审批事项，工商登记前置审批事项实行目录化管理，除法律和国务院决定的工商登记前置审批事项外，文化产业企业、转制文化企业一律实行先照后证。在推进"三证合一、一照一码"登记制度改革的基础上，实行"五证合一、一照一码"登记制度改革，进一步简化转制企业办理流程。大力支持企业实施商标战略，帮助文化企业提高商标品牌资产运作能力，鼓励文化企业开展商标品牌资本化运作，加强商标品牌资产评估管理，促进商标品牌价值转化，并认真做好商标专用权质权登记。多彩贵州文化产业集团在推动"多彩贵州"商标品牌市场化运作、提升商标品牌资产运作能力上做了较好的探索与实践。

（六）投资融资取得较大成效

为支持文化企业转制和发展，贵州省制定出台《关于贯彻落实文化体制改革相关金融政策的实施意见》（黔银监发〔2009〕235 号）。根据中宣部、人民银行等九部委关于金融支持文化产业振兴和发展繁荣的意见，又制定实施《关于金融支持贵州省文化产业振兴和繁荣发展的实施意见》（贵银发〔2010〕115 号），从加大信贷产品和服务方式创新、完善保险服务、拓宽融资渠道、建立健全配套机制等方面提出了要求，支持省内文化产业发展。积极贯彻落实文化部、中国人民银行和财政部《关于深入推进文化金融合作的意见》（文产发〔2014〕14 号）精神，搭建合作平台，推动银企合作，建立完善金融机构与省政府、省委宣传部、省文化厅及各市（州）文化部门的合作机制。陆续出台专利权质押贷款、动产抵押贷款、股权质押贷款、应收账款质押贷款等信贷政策实施细则，引导和鼓励金融机构结合贵州文化资源特点，大力开展知识产权、股权、应收账款、收费权等新型抵（质）押融资业务，推动金融产品创新，拓宽文化企业融资渠道，不断满足文化产业发展的资金需求。搭建起全省第一个覆盖实体经济各领域的金融信息服务平台——B2E 平台，目前 B2E 平台共分为融资需求、融资供给、融资服务三大模块，各类企业可根据自身的融资需求寻找适合的银行和产品进行了解和咨询，大大提升了促进银企有效对接效率。同时，有效加强了对银行服务、收费等问题的监测，为解决小微企业"融资难、融资贵"问题，实现全省银行业金融机构信息监管一体化奠定了基础。充分发挥信贷政策的指导作用，引导金融机构加大对文化产业的信贷支持力度，通过按年下发货币信贷工作指引、召开金融形势分析会等形式，引导金融机构为文化企业提供全方位金融服务。出台《贵州省中小微文化企业融资风险补偿金组建及使用管理办法》，创新推出金融产品"文企贷"，从贵州省文化产业发展专项资金中列支安排专项资金作为风险补偿金，按照一定比例引导合作银行对政府部门推荐的文化企业提供贷款支持。

三、政策支撑推进贵州文化产业发展存在的主要问题

文化经济政策的落地落实为贵州高质量推进文化产业发展提供了有力保障和支撑，政策"红利"的释放让文化企业轻装上阵，但在具体落实政策过程中，还面临一些问题和不足，需要加以改进完善。具体体现在以下方面：

一是对政策的理解和运用能力有待提升。一些地区、部门和企业对政策的重视程度还不够，学习理解不够深刻透彻，对政策精神要义

的把握不够精准，导致在具体执行中有时出现"有政策但不会用"的现象，运用政策"红利"推动文化产业发展的能力和水平还不高。

二是对政策的宣传普及有待加强。目前，国家包括省出台支持文化改革发展的政策很多，但一些政策出台后，由于缺乏及时有效的组织宣传和培训，社会影响面和知晓度还不够。

三是有关部门对执行政策的支持力度有待加大。政策的执行部门主要是政府各有关部门，近年来的改革发展各部门积极支持配合，总体上是好的，但也存在个别部门执行过程中遇到程序烦琐、机制不畅、障碍不少等现象，客观上对一些工作的顺利推进造成了一定影响，政府相关部门从行业指导督促的角度推动政策落地的力度也有待加大。

四是对政策落地的跟踪问效有待强化。虽然相关部门也对各地各部门和企业开展过多次政策落实情况专项检查，并实时进行督查，但总体来看，这方面的督查还需要进一步加强，需要通过面上的督查，进一步深入下去，检验成效，解决问题。

四、多措并举更好发挥文化经济政策对文化产业发展的支撑保障作用

完善相关政策和落实政策是一项综合性、系统性工程，要精准把握政策，切实用好政策，抢抓政策落实，必须多措并举、多管齐下。

（一）精准把握政策，充分发挥现有政策的支撑作用

用好政策的前提是理解政策、吃透政策、精准把握政策。每次国家出台政策，都要及时认真组织专题学习研究，读政策原文，悟政策原理，务求做到准确把握政策的精神内涵，有的放矢指导推动工作实践。与此同时，切实加大政策培训辅导力度，提升政策普及率和知晓度，全面了解国家已出台哪些政策，这些政策具体内容是什么，最后

达到掌握怎么用政策的效果。加强国有文化资产监管、企业负责人薪酬考核、公司制股份制改革、文化经济政策等专题培训研究，围绕一个重点、突出一个专题，邀请省有关部门熟悉业务的同志，省内外有关文化专家，省内法律、财会等领域的专业人士来现场授课，答疑解惑。针对一些理解不一致的政策条款，省直相关部门与政策实践部门，要结合国家和省有关行业政策，共同解读分析政策的内涵外延，形成一致意见，切实提升政策落地的时效性。

（二）切实用好政策，建立完善部门协调调度机制

建立完善部门整体联动的常态工作机制，是高效推进、切实用好政策的重要保障。在这方面，中央相关部门也多次做出明确要求。比如，对于土地处置问题，中央相关部门专门印发《部分地方以作价出资（入股）方式处置国有文化企业划拨土地的有关做法》的通知指出"土地处置问题复杂，专业性强，涉及主体多，办理时间长，并要求国有文化企业土地权属清晰、权证完善、手续齐备，这也是以作价出资（入股）方式处置原划拨土地的一个前提，需要相关部门密切配合、良性互动、形成合力"。一方面，要切实强化文化产业主管部门与各职能部门之间的沟通协调，通过上门对接、开会调度等方式，争取职能部门的更多理解和支持；另一方面，及时向省委、省政府领导报告，争取省领导支持，做出批示，出台措施，开辟绿色通道，切实帮助文化产业主体减负担、促发展。大力强化各部门建立完善文化产业支撑宣传、协调推进机制，增强部门与部门之间的互动联动，加强协作，形成合力，共同发力。

（三）强抓政策落实，建立督促长效机制

政策落实是否到位，效果如何，离不开督促检查与跟踪问效。要强化文化产业主管部门协调、指导、督促的职能作用，组织有关部门

对有关政策的落实情况开展检查与评估，了解并掌握文化企业在政策落实过程中存在的问题与不足，会商政策执行部门研究解决办法，提出举措。会同第三方机构组成调研组，深入各省属国有文化企业就文化经济政策落实效果开展评估，深入查找、梳理国有文化企业在深化改革中存在的问题和困难，分门别类、有针对性地研究提出解决问题和困难的路径与措施，供省领导决策和省有关部门落实参考。对于一些落实不够到位的政策，要及时与相应的省直部门予以督促提醒，共同努力为文化产业发展营造良好的政策环境。

贵州乡村文化发展与振兴思考

王　彬　王跃斌　黄　晓*

实施乡村振兴战略是焕发乡风文明的有效途径。乡村是中华文明的基本载体，是孕育优秀传统文化的沃土。要想实现乡村振兴，乡风文明是保障。实施乡村振兴战略，深化中国特色社会主义和中国梦宣传教育，大力弘扬民族精神和新时代贵州精神，深入挖掘和继承创新乡村文化蕴含的优秀思想观念、人文精神、道德规范，提升农民素质和农村社会文明程度，增强文化自觉和文化自信，让社会主义核心价值观在乡村落地生根，有利于在新时代焕发出乡风文明的新气象，使乡村好习俗、好习惯、好风尚的文明乡风和良好家风蔚然成风。

一、发展基础

贵州具有独特的文化资源与日趋凸显的区位等优势条件，全省上下加快发展的信心更强、底气更足，为推进乡村文化发展与振兴提供了良好的支撑条件。

综合支撑能力显著增强。党的十八大以来，贵州经济建设、政治建设、文化建设、社会建设、生态文明建设和党的建设取得重大成就，经济社会综合实力显著增强。经济增速连续六年居全国前三位，2017年地区生产总值比上年增长 10.9%，增速列全国首位，总量突破万亿

* 王彬，贵州省社会科学院区域经济研究所副研究员。王跃斌，贵州省社会科学院办公室主任。黄晓，贵州省社会科学院民族文化所研究员。

元、达到 1.35 万亿元。相继获批建设国家大数据综合试验区、生态文明试验区、内陆开放型经济试验区三大试验区。"三变"改革、"四在农家·美丽乡村""塘约经验"等相关改革实践为乡村振兴战略实施积累了宝贵经验。贵州各族人民加快发展的信心更强,全省上下干事创业的精气神更旺,为乡村振兴战略的实施提供了坚实的物质基础、制度保障和精神支撑。

交通区位优势不断凸显。水陆空并举的交通建设加快推进,出黔通道增多、加密,省内路网日渐优化,现代综合交通运输网络已基本形成,贵州作为西南地区重要陆路交通枢纽的地理区位优势不断凸显,成为"一带一路"和长江经济带的重要通道,为优化农业投资环境、拓展农产品市场、拉动农业经济增长和增强农业对外交流提供了有效支撑,有利于乡村振兴战略的实施。

乡村文化旅游资源丰富。贵州是一个多民族聚居的省份,全省共有 49 个民族,其中世居少数民族达到 17 个,古朴浓郁的民族风情与神秘雄奇的山水风光、清新淳朴的田园风光交相辉映,为全域旅游发展提供了绝好的资源支撑。多彩的民族民间文化和淳朴的乡风、乡情、乡韵、乡愁是拓展农业功能、发展乡村旅游的最好载体,有利于促进贵州农业接二连三融合发展,促进农民持续增收,有利于加快推进乡村振兴战略实施。

要实现乡村振兴,乡风文明是保障。以社会主义核心价值观为引领,将现代文化中新的思想理念、道德标准、行为准则与贵州丰富多彩的民族文化相结合,塑造道德文化进步、现代文化活跃、民族文化兴盛、乡土文化延承、生态文化繁荣的"多彩贵州乡村文化"。

推动城乡公共文化服务体系融合发展,增加优秀乡村文化产品和服务供给,活跃繁荣农村文化市场,为广大农民提供高质量的精神营养。

二、增加乡村公共文化服务供给

以基层公共文化服务标准化、均等化为主攻方向，完善农村文化设施和文化活动场所，构建农村公共文化服务网络，实现乡村两级公共文化服务全覆盖。

健全乡村公共文化服务体系。统筹城乡公共文化设施布局、服务提供、队伍建设，推动公共文化资源重点向乡村倾斜。依托多彩贵州"广电云"建设智慧乡村，持续推进多彩贵州"广电云"村村通、户户用工程建设，实现全省 30 户以上自然村寨通广电光纤。拓展延伸多彩贵州"广电云"功能运用，创新社会治理手段，完善公共服务方式，让广大农村群众突破电视方寸，享受数字化、智能化生活，打造具有贵州特色的"书香侗寨、数字苗乡"智慧乡村。实施贫困地区公共文化数字提档升级项目，积极推进城乡有线广播电视数字化一体化发展，推进贵州"数字图书馆进农家"项目建设，加强县级广播电视设施建设，实施应急广播工程，实现农村广播"村村响"。预计至2022 年"文化信息资源共享工程"服务点将提升改造 1000 个，广电云"村村通"将覆盖全省 20000 多个村，广播电视由村村通向户户用升级。

整合公共文化资源。采取盘活存量、调整置换、集中利用等方式，将文化、民宗、住建、扶贫等部门的资金统筹使用，建设乡村综合文化服务中心，配套建设文化活动广场。2020 年，全省乡村普遍建成集宣传文化、党员教育、科学普及、普法教育、体育健身等功能于一体的基层综合性公共文化设施和场所，预计到 2022 年为每个行政村提供一名公益文化岗位。鼓励社会力量建设非物质文化遗产基础设施和文化学习研究场馆等。建好管好用好乡村学校，利用操场、师资等现有资源开展文化公益活动。

加强农村公共文化服务项目建设。建立农民群众文化需求反馈机制，准确了解和掌握群众文化需求，推动政府向社会力量购买公共文化服务，满足农民需求，开展"菜单式""订单式"服务。以农村特殊群体为重点，面向农村实施文化帮扶项目，为农村留守妇女、儿童、老人和返乡农民工提供适宜的文化产品和服务。推动全民阅读活动进农村、进家庭，提高村级"图书室"的使用效率，鼓励农村上网服务场所积极提供公共文化服务。实施乡镇、村"农民体育健身工程"，预计到2022年完成300余个乡镇、5200余个村农民体育健身工程，实现农村公共体育设施全覆盖，为农民参加体育活动提供基本条件。

深入开展"文化下乡"活动。充分运用文化、科技、卫生"三下乡"活动，送戏、送电影、送展览、送书刊、送春联等，开展乡村大舞台、农村春晚直播等文化活动，每个农民每年能参加一次活动。坚持送文化下乡，完善流动图书车、流动文化车定期下村制度，支持文化事业单位走进乡村开展文化服务，促进城乡公共文化服务均衡发展。

加强农村文化基地建设。组织鼓励艺术家和研究人员开展乡村调研和创作，建立各种文艺创作基地和研究基地，入住乡村与村民互动培育乡村人文气息。支持"三农"题材文艺创作生产，鼓励文艺工作者走基层，推出反映乡村振兴实践的优秀文艺作品。继续开展"中国56个少数民族电影工程"相关工作，利用"黔岭歌飞"和"金贵奖"平台推出民族文学、歌曲精品佳作，组织举办"多彩贵州文化艺术节""我们的中国梦·文化进万家——多彩贵州大舞台展演"等系列主题文化活动。着重打造省文联息烽采风创作培训基地、安顺旧州书画摄影培训基地、平坝小河湾村音乐舞蹈创作基地、三都水族水书创作基地、丰山地摄影创作基地、贵定音寨稻雕创作基地等20余个文艺门类创作基地，高校研究机构在重点民族村寨设立研究基地，服务乡村振兴。

立足贵州乡村文明，汲取城市文明以及外来文化优秀成果，在保护的基础上，创造性转化、创新性发展，不断赋予时代内涵、丰富表现形式，增强民族文化自信。

三、传承发展乡村优秀文化

文化是乡村的灵魂，不同类型的乡村都存在各自的特色文化，倡导村民投入到乡村文化资源抢救挖掘行列，传承乡村文脉，提升乡村品质，繁荣乡风文明。

加强农耕文明宣传教育。深入挖掘多彩贵州山地农耕文化资源，对优秀的思想观念、道德精神、生存智慧和人生态度等精神要素进行收集整理，开展"乡村文化记忆""乡土文脉传承"行动计划，充分发挥其在凝聚人心、教化群众、淳化民风中的重要作用。加快传统村落申报，推进"村级建档、村档乡管"模式，建立和完善省级传统村落名录、传统村落信息系统和传统建筑工匠传承人数据库，构建传统村落数字信息化平台。

推动农耕文化遗产合理、适度利用。正确处理好乡村规划建设与历史文化保护传承的关系，划定乡村建设的历史文化保护线，保护好历史文化名镇名村、传统村落、传统民居、文物古迹、民族村寨、农业遗迹、灌溉工程遗产，发掘适合贵州山地经济发展的农林牧渔技术和生态理念，积极申报国际国内农业文化遗产项目。

实施非物质文化遗产传承发展工程。挖掘收集和整理乡村的物质和非物质文化资源，通过登记、拍摄存档、故事解说，让村民和外来者记住乡愁。不断推进"乡愁馆""村史馆"的建设与管理；实施乡村经济社会变迁物证征藏工程；鼓励支持乡村史志修编；大力扶持国家级和省级非物质文化遗产生产性保护示范基地建设，在政策引导、资金支持、技术创新等方面予以倾斜；加大乡村非遗传承人群研修研习培训力度，重点扶持乡村非遗传承人，在有条件乡村设立非遗综合性传习点，预计到2022年完成命名挂牌150个民族传统手工艺传习所；深入开展"我们的节日"主题活动，继续开展"非遗周末聚"、多彩贵州文化艺术节和多彩贵州文创设计大赛、"少数民族歌舞会演"等活动。

重塑乡村文化传承空间。保持乡村活态文化、建立生产性保护机制，培育乡村文化生态，存续文化生存空间和生活范围的生命力。

打造贵州乡村文化生态圈。实施文化生态保护实验区建设工程，支持黔东南国家级民族文化生态保护实验区建设，支持黔南水族文化生态保护区申报国家级文化生态保护实验区，建设一批省级文化生态保护区。注重保护乡村原有建筑风貌和村落格局，把民族民间文化元素融入乡村建设，留住乡土气息，焕发乡村魅力。

建设特色文化乡村廊带。紧密结合传统村落建设、特色民族村寨建设、美丽乡村建设，深入挖掘乡村特色文化符号，激发地方和民族特色文化资源，重点打造中线的千里苗疆走廊、南线的布依族村寨走廊、北线的土家族仡佬族村寨走廊、东线的侗族水族村寨走廊、西线的彝族回族村寨走廊等，形成特色文化乡村廊带。

推动农耕文明与现代文明融合发展。用现代生态文明理念对传统民居进行改造和提升，引导企业家、退休人员、文化志愿者和扶贫帮困人员投身乡村文化建设，实施乡村空置房生态民宿建设计划，注入乡村历史文化、民俗文化、生态文化等多种元素，重塑诗意闲适的人文环境和田绿草青的居住环境，重现原生田园风光和原本乡情乡愁。

四、开展多种形式群众文化活动

组织开展乡村文化活动，扶持民间力量兴盛乡村文化活动，号召社会力量参与乡村文化活动。

完善农村群众文化扶持机制。培育农村基层群众的自我发展能力，鼓励农村地区自办文化活动，支持成立各类群众文化团体。大力发展农村文化（体育）组织，建立文化（体育）协会，为乡村公共文化

（体育）建设提供组织保障。大力扶持民间文艺社团和业余文化队伍，发现培养农村基层文艺骨干，充分调动农民自办文化的积极性，有序推进全省乡村文化艺术团队建设，扶持1000个乡村成立民间文艺（体育）社团（协会），组织参加各种文化宣传娱乐活动。

扶持民间力量参与乡村文化建设。鼓励农村地区自办文化活动，扶持鼓励乡村各类群众文化团体和民间文艺活动者、爱好者，开展群众性节日民俗活动，充分发挥文化富民、育民、乐民、励民的作用。培养一支懂文艺爱农村爱农民、专兼职相结合的农村文化工作队伍，支持乡村文化能人，壮大乡村文化振兴力量。重点扶持民族特色村寨的非遗传人、留守村民，传承发扬和振兴民族歌舞、民族艺术。

鼓励开展群众性文化活动。结合国家节假日、庆典、民族传统节庆等重要节点，开展形式多样的宣传教育、科学普及和文化娱乐活动。针对不同的乡村类型，采取恢复、引导和提升的方式，有计划、有步骤地进行，用节日活动凝聚人心，丰富村民文化生活，弘扬传统文化。重点打造民族节庆活动和民间传统艺术，繁荣乡村文化生活，提振乡村精气神。支持乡贤和文艺工作者深入乡村做志愿者，与村民一道挖掘、编排和提升传统文艺作品，形成群众文化活动繁荣氛围。在民族村寨开展开放式"民族年"活动，吸引城市市民共同参与节日活动。

五、着力发展乡村文化产业

培育发展乡村文化产业，倡导乡村经济多元发展。培育多个文化产业带和文化产业集群，打造乡村文化产业品牌，健全乡村特色文化市场主体，实现文化扶贫和文化振兴。

培育乡村文化产业。整合乡村文化资源，培育乡村文化产业体系，积极培育乡村文化产业。强化文化资源的产业转化，集中连片打造乡村文化产业带和乡村文化产业集群，建设农耕文化产业展示区。开展乡村文化产业"千村计划"，采用"一村一策"的有效手段，扶持特色村寨，有条件的传统村落推出以"多彩村寨"命名的一村一品，预计 2022 年扶持 1000 个村。培育乡村文化产业体系，大力发展以民族技艺、民族演艺、民族音乐、民族节庆文化为特征的民族文化产业，选取不同类型有发展潜力的村寨进行先期示范。完善产业政策、创新体制机制，推动民族文化与旅游、康养等产业深度融合，预计 2022 年培育 100 个品牌效应突出的特色文化旅游功能示范村，建成 50 个品牌效应突出的健康养老示范基地（村）。培育乡村文化产品。实施乡村传统工艺振兴计划，培育形成具有民族和地域特色的传统工艺产品，带动农村就业。重点实施"黔系列"民族文化产业品牌打造工程，推进民族刺绣、银饰、织布、蜡染、饮食、医药、土法造纸、陶艺等民族文化资源产品化、产业化和品牌化，实现民族文化传承保护与民族乡村经济发展双促进、双提升。加强"互联网+"特色文化产品的生产营销，利用乡村网站、民族节庆活动、各种博览会、技艺大赛等，推介乡村文化产品。

扶持乡村文化市场主体。推动多元化市场主体共同发展，实现以城带乡、以城带村的农耕文化与现代文明有效融合机制。降低市场准入，鼓励扶持乡村非遗传承人、乡村能人注册成为个体工商户，经营乡村文化产业。鼓励特色村寨成立乡村文化产业专业合作社，集体从事文化经济。整合乡村个体文化产业发展资金，设立乡村文化产业引导发展资金，支持市场主体做大做强。拓宽市场主体融资渠道，降低融资成本，建立乡村文化产业发展共同体。鼓励扶持有条件的特色村镇成立从事文化经营的小微企业，加大财政支持，落实税收减免政策，鼓励农民工、大学生、退休人员返乡创业。推动市场主体转型升级，支持当地乡镇既有个体工商户转型升级为企业，带动乡村创业就业，实现文化资源的产业转化。引进城市优质企业对乡村文化产业进行提级改造，以城带村，打造高端的乡村文化产品。

马克思主义视域下贵州民族文化产业发展路径研究

宋鹏程*

马克思主义认为，生产力决定生产关系，生产关系要适应生产力的发展。社会主义生产关系在社会再生产的过程中，生产、分配、交换以及消费的矛盾中不断发展，生产、分配、交换和消费四者构成一个总体，各个环节的相互关系表现为：生产决定消费，消费反作用生产；生产决定分配，分配作用和反作用生产；生产决定交换，交换媒介生产和消费。马克思关于生产以及生产、分配、交换和消费的辩证关系的阐述分析，对于推进文化产业供给侧结构性改革具有重要的指导意义。

党的十九大以来，在我国经济整体转入高质量发展的背景下，文化产业的发展也开始由数量型增长向质量型增长转变。习近平总书记在全国宣传思想工作会议上强调，要推动文化产业高质量发展，健全现代文化产业体系和市场体系，推动各类文化市场主体发展壮大，培育新型文化业态和文化消费模式，以高质量文化供给增强人们的文化获得感、幸福感。这为今后我国文化产业高质量发展提供了根本遵循、指明了发展方向。

---

* 宋鹏程，硕士研究生，贵州省社会科学院机关党委组织与统战科副科长，研究方向：马克思主义理论，机关党建。

一、贵州民族文化产业发展现状分析

1. 民族文化资源丰富

贵州是一个多民族省份，有汉、苗、布依、侗、土家、彝、仡佬、水等18个世居民族，在历史发展的长河中，贵州形成了丰富多彩的民族文化、传统文化、红色文化、三线文化、山地文化和生态文化等特色文化，民族文化资源尤为丰富，各民族同胞在生产生活中创造了酒、茶、药、刺绣、银饰等丰富多彩的民族文化产品，带有浓郁民族特色的傩戏、花灯戏、布依戏和侗戏；剪纸、蜡染、刺绣。堪称"无字史书"服饰文化等，特色鲜、魅力独特，为深度挖掘民族文化资源、重点实施文化建设工程、打造民族特色文化品牌提供了有力支撑。同时，贵州又是全国唯一没有平原的山地省份，以喀斯特为代表的景观特征别致清新，独特的自然景观孕育了独特的山地文化，山地文化和民族文化相互交融塑造了极具特色的原生态地域文化。

丰富多彩的民族文化资源、底蕴深厚的历史文化资源、别具一格的自然观光资源等为贵州省民族文化产业发展提供了多元化的创意来源与发展基础。

2. 文化品牌效应初步显现

为大力推动民族文化产业品牌化，进一步提升贵州民族文化及其产品的知名度、美誉度和影响力，围绕建设多彩贵州民族特色文化强省要求，深度挖掘文化资源，重点实施文化建设工程，打造贵州民族特色文化品牌，2015年底开始打造"黔系列"民族文化产业品牌，正式拉开了贵州民族文化产业品牌的提升打造帷幕。通过积极构建具有贵州特色的民族文化产业品牌体系，将独具地方特色的民族传统工艺、饮食、医药、景观、节庆等民族文化资源整合提升，着力打造"黔酒""黔茶""黔药""黔银""黔绣""黔珍""黔菜""黔艺""黔织""黔景""黔节"11 个"黔"系列产业品牌，在每个品牌之下推出 10 个以上的代表性产品及企业，初步形成产品规模扩大、质量提升、产值提高、市场规范的格局。民族文化产业蓬勃发展，推动贵州从"非遗"资源大省变为民族特色文化强省。大型民族歌舞《多彩贵州风》、作为贵州首个世界文化遗产的海龙屯、第一部苗族英雄史诗《亚鲁王》、原创手工银饰品牌"太阳鼓"以及沿河藤编等，发扬民族文化元素，贵州少数民族文化用现代理念和表现方式呈现，获得社会各界人士及游客的好评。

3. 民族文化产业发展水平不断提升

随着贵州文化体制改革进程的加快，民族文化产业速度随之加快，特别是许多非物质民族文化遗产本身就带有商品的属性，如民族银饰、民族刺绣、民族蜡染等都具有商品属性。近年来非物质文化遗产产业化也是民族文化产业崛起的一种方式。如西江千户苗寨，就有着非物质文化遗产与产业化两种属性，不仅给当地群众带来经济利益，还让这项非物质文化遗产变得更加有价值。2017 年，全省规模以上文化及相关产业实现营业收入 390.86 亿元，比上年增长 15.7%。根据贵州省文化体制改革和发展工作领导小组办公室《关于"十三五"时期省重点文化产业项目建设进展情况的通报》，共有 131 个省级重点文化产业项目总投资 3279.07 亿元，截至 2019 年 2 月底，完成投资 965.95 亿元，建成使用 19 个，基本建成 22 个，部分建成 23 个，建成使用、基本建成和部分建成总计 64 个，占总数的 48.9%；正在建设 57 个，占总数的 43.5%；尚未开工 10 个，占总数的 7.6%。

二、贵州民族文化产业发展存在的问题

对民族文化资源的开发利用不够充分，民族文化产业链短、创新链弱、价值链窄，激励机制不健全，省内文化产业相关行业组织、中

介机构数量较少，导致文化资源的开发转化能力较弱，文化资源优势尚未完全转化为经济优势。

1. 规模总体偏小、产业链条短

丰富多彩的旅游资源大多仍处于低层次的开发阶段，开发利用水平低，挖掘深度不够，缺乏多样化的创意内容和产品，文化旅游精品较少。贵州省自然景观资源、民族文化资源和历史文化资源最为富集，很多自然景观是大自然馈赠的天然旅游产品，游客不仅可以感受、体验大自然的壮美神奇，而且可以亲身感受到多彩民族文化的独特魅力，但是围绕这一核心资源的创意开发与设计相对不足，民族文化旅游的深度、广度融合不够，产品和市场创新不足，民族文化旅游整体合力不强。"贵山贵水"成为贵州省旅游开发的一大优势，"多彩贵州"文化品牌知名度和美誉度不断提升，目前，较受欢迎的旅游景点有黄果树瀑布、梵净山、荔波大小七孔等，都以体验和感受山水自然景观为主，缺乏相关对民族文化的深度开发与有效融合，导致游客体验的文化内容单一。

因产业链短，导致带动性不强，使相关收入不高，2015 年贵州省文化及相关产业收入 827.14 亿元，比上年增加 121.46 亿元，增长17.2%；文化及相关产业增加值 344.44 亿元，比上年增加 47.59 亿元，名义增长 16.0%；增加值占 GDP 的比重为 3.28%，比上年提高0.07 个百分点；全省有文化及相关产业单位 15262 个（包括行政事业单位、社团和企业）。同期，湖南文化和创意产业增加值约 1668 亿元，占 GDP 比重 5.6%以上，增速约 10.18%，贵州省拥有文化产业法人单位近 4 万家，其中规模以上文化产业法人单位 2325 家。收入总量和单位数量均远落后于湖南。

2. 民族文化产业集聚度不高、空间格局不均衡

贵州民族文化产业集聚度不高，空间布局分散，难以充分地发挥规模效应和溢出效应。由于各地文化资源禀赋不相同、经济发展水平

和文化产业基础各有差异、对文化产业的谋划和认识也有所不同等原因，特别是特色资源富集的边远山区和民族地区，受交通和经济等因素制约，资源开发利用与融合转化尤为缓慢。如威宁草海等，核心内涵挖掘开发不足，产品市场竞争力不强。从地区分布来看，"三上"文化法人企业主要集中在贵阳市和遵义市，两市"三上"文化法人企业数占全省总数的46.15%；增加值占比78.30%。"三下"文化法人企业主要分布在贵阳市、遵义市、六盘水市和黔南州，四个市（州）企业数占56.09%，增加值占68.68%，"三下"法人企业地区分布较为分散。此外，贵州民族文化产业主要以中端的文化资源开发、文化服务提供为主，但在前端的创意设计以及后端的高品质营销上还远远不够，而这两端才是未来民族文化产业的主要增长点和价值创造点。

3. 民族文化产品技术附加值低

在整个民族文化产业中简单劳动与复杂劳动所占的比重不均衡。马克思以劳动价值论为立论基础，将人类的社会劳动分为简单劳动与复杂劳动两种类型。复杂劳动是指需要经过专门训练才能从事的劳动。从目前贵州民族文化产业的市场来看，复杂的活劳动要素和知识技术含量高的物化劳动形成的价值比重远远小于简单的活劳动要素和知识技术含量低的物化劳动形成的价值比重，表现为文化精品的供给不足，而中低端低俗供给过多，文化产品市场出现同质化严重的现象，这就导致人们的高消费意愿难以得到满足，消费意愿也难以转换成消费行为。

此外，民族文化产业发展与信息技术联系不紧密，文化产品的网络化和数字化水平较低，没有充分运用大数据时代和云时代带来的数字技术进行产业升级与转型。目前贵州省民族文化产业主要是通过与旅游业、传媒业、餐饮业的结合，产品主要是一些民族出版物、民族电视电影、民族表演、民族旅游项目、民族特色视频以及民间手工艺品等。无论从内容还是形式来看，这些文化产品的技术附加值较低，且存在同质化现象，几乎没有与高新技术相融合发展的民族文化产品，缺乏创意和创新。

4. 人才支撑力度不强

制约贵州省民族文化产业发展的一个重要因素是缺乏专业的文化产业人才。虽然贵州省拥有丰富的民族文化资源，近年来也制定了一系列促进民族文化产业的发展政策，但本土缺乏高层次文化经营管理人才和文艺领军人才，优秀人才出走流失现象客观存在，加之还未构建起科学、合理的民族文化产业人才培养体系，偏重培养应用型人才，对研究型、创新性人才培养不够。

三、推动贵州民族文化产业发展的对策及建议

文化产品作为一种特殊的商品，属于商品的范畴，必然蕴含着所有商品都具有的属性。文化产品的生产要想转化为社会产品的一部分必须通过交换，而交换发生的前提则是："一方只有符合另一方的意志，也就是说，每一方只有通过双方共同一致的意志行为，才能让渡自己的商品，占有别人的商品。"通过让渡使用价值来获得价值，实现"惊险的跳跃"。进入新时代以来，社会主要矛盾转化，需求侧由人民对物质文化的需求转化为人民对美好生活的需求，意味着人民对文化产品与服务有了更高层次的需求，这种需求体现在内容、形式、质量等方面，这表明民族文化产业的供给不能再同过去的"你发我收"的传统模式一样，而应该采取"我要你给"的新模式。

1. 不断延伸民族文化产业链条

深入挖掘民族文化资源，创作富有地域和民族特色的优秀作品，或以民间传说和历史上的人物为题材，或以民族乐舞、历史革命作品为题材，兼顾艺术性、思想性和市场效应，加快文化产业的跨界融合。文化产业作为一个综合性、渗透性以及关联性极强的产业，与其他产

业存在着天然的耦合关系，因此，要充分利用文化产业的特性，与其他产业进行跨界融合。提升价值链、扩展产业链、创新产品链，做到提升产品外观设计、提升产品质量、提升产品文化审美内涵三个提升。将"文化+科技"由表及里地融入民族文化产业的全流程，整合创新资源，提升创新能力，把最新的科技成果融入文化产品的创作、生产、传播、消费和服务的每一个环节，优化文化内容生产和传播流程及载体建设，把网络化、智能化、信息化、绿色化、数字化作为提升民族文化产业竞争力的技术基点。推进文化与其他产业融合，实现与农业、工业、文化旅游、民族体育、生态、民族医药保健等行业融合协调发展，不断培育新产品、新业态，不断延伸相关产业链和价值链。

2. 培育新的消费模式和业态

马克思认为"没有消费，也就没有生产，因为没有消费，生产就没有目的"。生产是为了消费，高质量发展需要增强文化消费对产业发展的牵引作用。以市场为导向，注重以文化产业新业态、新形式催生文化消费新模式和新业态。要不断培育文化消费的新增长点，促进产业结构升级，为市场提供丰富和优质产品，创新消费供给，注重创意产品的新颖性和趣味性，释放潜在消费需求；同时挖掘消费结构升级带来的新需求，引导文化生产企业按需生产，扩大有效供给。尤其要关注"90后""00后"消费群体的新变化，培育新型文化消费模式，创新和发展消费新业态，实现线上线下消费融合发展，提供更多的优质文化消费体验。

3. 推动文旅深度融合发展

贵州少数民族节庆文化丰富，各少数民族的传统节庆活动数不胜数，如布依族"三月三""六月六"、水族"端节""卯节"、苗族"芦笙节""牯藏节""跳花节""吃新节""二月二走亲节"、侗族"侗年"等。加强节庆与旅游之间的互动与联系，用好"国际山地旅游发展大会""贵州黄果树国际啤酒节""中国（安顺）屯堡面具节"

"藏羌彝走廊·彝族文化产业博览会"等新兴节庆活动，以节促游，增加旅游业的文化内容，吸引更多的消费者前往参观和体验。适应新时期文化和旅游深度融合发展的新要求，充分发挥多彩贵州文化旅游资源优势，发掘和培育一批精品民族文化旅游新品牌，推动文化和旅游深度融合发展。以多彩贵州民族特色文化为内涵，大力发展民族演艺、音乐、工艺、节庆、会展等特色文化产业，壮大提升文化艺术、休闲娱乐等传统文化产业，培育扶持动漫游戏等新兴文化产业，推进上网服务行业、文化娱乐行业转型升级，促进资源优势向产业优势转变。全力打造贵州彝族文化产业走廊，推动乌蒙山区特色民族文化产业发展。抓好文化消费试点，释放文化消费潜力，发挥带动作用。

4. 挖掘文化资源价值，打造特色文化品牌

在民族文化资源转化过程中增强创新创意能力，强化品牌意识，将特色鲜明的民族文化资源打造成高附加值的文化产品和服务品牌，扩大文化品牌的溢出效应，延长品牌的产业链和价值链，使景区留得住游客，游客有地方花钱，扩大文化消费的范围。进一步提升贵州民族文化及其产品的知名度、美誉度和影响力，积极培育贵州发展的新名片和新增长点，推动资源优势转化为经济优势，实现民族文化传承与贵州经济发展双促进、双提升。将民族文化资源进行创造性转化和创新性发展，融合时代审美和新消费的需求，突出民族特色和文化内涵，打造以民族文化元素为价值内涵的文化品牌。大力发展服饰、刺绣、银饰以及富有民族特色的芦笙、蜡染、竹制品等手工艺品，并着力培养一批集研发、生产、销售为一体的民族品牌，构建自主知识产权旅游产品研发体系。在打造特色文化品牌的过程中树立品牌意识，将其贯穿到创意设计、生产、传播、消费全流程，将打造文化品牌作为优秀民族文化资源创造性转化和创新性发展的出发点和落脚点。在文创产品方面，强调审美性、实用性和民族特色，突出民族文化资源元素的创造性转化；在旅游演艺剧目方面，着重挖掘民族民间传说和

历史故事的文化内涵，突出非物质文化遗产的创新性发展；在旅游产品方面，着重打造文化探险和少数民族节日，突出历史文化资源的创意性开发。大力开发民族服饰创意产业。凝聚在贵州民族服饰身上的文化要素，如服饰款型、服饰颜色、制作工艺、纹样寓意及其所承载的民族审美价值、文化意义、民族信仰、民间传说等元素，都可以通过影视、动画、艺术品，甚至游戏软件等创意产业的开发和转化表现出来。

5. 培养与引进专业的文化产业人才，创新人才激励机制

加强校企合作，建立民族文化人才培养基地，培育各方面的民族文化产业专业人才。引导文化类企业与高等院校联合开发文化类的专业，培养一批熟悉文化产业经营管理、文化资源创意开发等方面的专业人才。同时，在文化企业内部建立人才培养基地，加强专业人才在文化企业内的实践培训，引进外省优秀的人才。

大事记
Major Event

"多彩贵州"品牌轻资产
运营模式研究

王红霞[*]

摘　要：近年来，随着我国经济发展方式转变，经济增长速度放缓，各行各业着力产业结构优化升级，越来越多的行业采用轻资产运营模式成为发展趋势。本文通过理论探讨与多彩贵州品牌轻资产运营模式实践探索相结合，总结多彩贵州品牌轻资产运营的成功经验，分析多彩贵州品牌轻资产运营面临的困境，提出轻资产运营模式下多彩贵州品牌可持续发展的对策建议。

关键词：多彩贵州；品牌；轻资产运营模式

当前，随着我国经济发展已进入新常态，国家着力深入推进经济结构调整和管理体制改革，许多行业逐渐由重资产运营模式向轻资产运营模式转变。"多彩贵州"作为贵州省委、省政府坚持十多年打造的无形资产品牌，推动了贵州后发赶超、跨越发展，是文化产业集群走新路的重要探索方面。长期以来，贵州文化产业发展存在基础差、底子薄、市场发育不充分等问题，集中体现在数量少、规模小、集聚弱等方面，文化企业数量不多、规模不大、实力不强。而应时而生的多彩贵州品牌，在省委省政府的强力推动下，以公益性文化活动塑造品牌，以经营性文化项目推广品牌，引领了贵州省文化行业轻资产运

　＊　王红霞，贵州省社会科学院农村发展研究所助理研究员。

营模式发展。为贵州省"守底线、走新路、奔小康"提供了有利的文化支撑，也为多彩贵州增添了一道亮丽的风景。因此，深入分析"多彩贵州"品牌轻资产运营模式，探究"多彩贵州"品牌轻资产运营过程中存在的主要困境，提出在轻资产运营模式下的"多彩贵州"品牌建设推进对策建议，对促进贵州文化产业高质量发展具有重要意义。

一、轻资产运营模式的内涵及理论基础

（一）轻资产运营模式的内涵

轻资产又称轻资产运营模式，是企业拥有的能够创造独特价值的资源。轻资产不仅包括货币资金、部分流动资产，而且还包括企业的品牌价值、研发能力、销售路径、上下游企业资源、人力资源及企业的价值文化等无形资产。轻资产一般是随着企业的经营发展而慢慢积累起来的，有些轻资产以无形资产的形式列示于企业报表中，但大多数的轻资产却无法通过报表体现出来。[①]

轻资产运营模式是由国际著名的麦肯锡管理顾问公司于 21 世纪初率先提出的一种资本运营战略，指企业以知识资本的运营为基础，利用轻资产进行资本扩张，充分利用有限的资源，来利用他人的资源，以最低的资本投入，以实现资产运营，是一种以价值为驱动的新型资本战略。[②] 相对于重资产而言，轻资产的"轻"表现为"虚"，在企业自身资源有限的条件下，最大限度降低固定资产等重资产的资本投入，充分发挥自身在价值链中的优势，掌握好产业链中的核心高附加值环节，优化资源要素配置，减少自身资产投入成本和风险，增强企业价

---

① 倪江鹏：《万科轻资产运营模式转型的案例分析》，江西财经大学硕士学位论文，2018年。

② 郭献山：《企业轻资产经营模式下的品牌创建研究》，《时代经贸》2018 年第 29 期。

值和竞争力。在互联网和知识经济信息时代，轻资产运营模式不仅是一种战略选择，更是一种必然和趋势。

（二）轻资产运营模式的理论基础

根据企业价值链理论，企业产业链的不同阶段存在不同的增值空间，且增值的差异性较大，而维持上下游竞争优势有利于构建企业的核心竞争力。按照现代企业利润分析理论，处在产业链上游的研究开发与下游的销售服务阶段产生的附加值较高，而中间阶段的生产加工属于劳动密集型工序，随着企业标准化作业的普及和行业内竞争的日益加剧，利润空间逐步缩小，因而产业链中的附加值线条就形成一条两头高、中间低的"V"形曲线。①

二、"多彩贵州"品牌轻资产运营模式的实践探索

（一）"多彩贵州"品牌简介

"多彩贵州"品牌运营商为多彩贵州文化产业集团公司，该企业是原事业单位贵州省多彩贵州文化产业发展中心实施转企改制而成，公司包括"多彩贵州"品牌管理运营中心、文化创意产业和非遗文化传承发展基地。作为展示贵州对外形象的文化窗口，主要负责"多彩贵州"品牌轻资产运营，积极进行"多彩贵州"品牌轻资产资本化运作的全新探索，打造国内独具特色的以文化品牌轻资产运营为主要内容的文化企业集团。

"多彩贵州"品牌集群企业涉及园区运营管理、会展活动、投资管理、演艺培训、规划研究、文化创意、文化旅游、文化科技、生态农特、康体养生、建筑设计等十多个业态和领域。多彩贵州文化产业

---

① 郭献山：《企业轻资产经营模式下的品牌创建研究》，《时代经贸》2018 年第 29 期。

集团公司深挖"多彩贵州"品牌"文化""生态"的内涵和"原真""创意"的核心价值，将多彩贵州品牌无形资产转化为有形资本，通过品牌授权、入股、连锁加盟等，实现品牌的增值。2018年，多彩贵州文化产业集团公司充分把握"多彩贵州"品牌轻资产特性，整合资源，探索品牌合作路径、产业模式，深化品牌运作规律意识。推动品牌产业融合发展，新增组建"多彩贵州"混合所有制企业5家，新增品牌授权企业2家，品牌参股或授权实施建筑设计、绿色农产品交易中心、智慧科技、水（公共品牌建设）、文化城、物业文化、融媒体等项目，进一步壮大品牌产业集群规模，截至2018年底，品牌集群企业达52家。多彩贵州文化产业集团公司积极推动"多彩贵州"品牌与相关产业的深度融合，探索形成"多彩贵州"品牌发展模式，实现品牌输出，取得较好的社会效益与经济效益。到"十三五"期末，"多彩贵州"品牌资产将实现直接拉动经济总量100亿元。

（二）"多彩贵州"品牌轻资产运营模式实施策略

1. 实施产业融合，提升品牌价值

多彩贵州文化产业集团公司切实将品牌的无形资产与产业实体的有形资产结合起来，促进品牌与相关产业融合。强化文化与创意产业的融合。2018年，集团对主导实施的多彩贵州"山地百货"文创体验店项目调整结构、优化经营模式，已初步达成与大方、西江、省旅投等地及公司的联营联建渠道拓展合作。着力文化与旅游产业的融合，打造"贵银"系列特色文创旅游商品和"贵银"基地，广泛开展与省内外设计师及设计机构的合作，多彩贵州酒店在贵安新区新建成一家投入使用，打造独具当地文化特色的主题酒店系列。文化与生态产业的融合，商标授权打造推出多彩贵州茶楼，第一座多彩贵州茶楼在观山湖喀斯特公园建成启用。文化与科技产业的融合，牵头组建成立贵州省网络文化发展协会，推动行业自律，凝聚一批自媒体，强化优秀

网络文化产品的生产、服务和传播。文化与康体产业的融合，控股组建体旅融合公司，先后组织开展了 2017 年 "多彩贵州" 山地户外运动天堂系列赛暨安顺紫云阁凸国际攀岩节公开赛、国际女篮锦标赛、青少年跆拳道联赛等体育赛事活动。

2. 着力探索 "理念+模式" 创新

（1）注重理念创新。将无形价值和有形价值相结合，将价值彰显与价值保护相结合。通过多彩贵州品牌与相关产业价值的融合，把品牌的无形资产转化为有形资本。同时，在品牌与产业结合中，充分彰显与多彩贵州品牌核心价值强关联的产品价值，而与多彩贵州品牌核心价值弱关联的产品不被纳入多彩贵州品牌系列，把握价值彰显与价值保护的平衡。

（2）着力发展模式创新。一是发展路径创新。多彩贵州品牌实现无形资产的资本化运作，探索了主导式和参与式两条路径。主导式路径：多彩贵州集团独资、控股做示范。参与式路径：多彩贵州文产集团参股、授权做规模。二是授权方式创新。多彩贵州品牌从单品授权发展到平台项目授权，针对不同产业，探索出了不同的品牌授权方式。三是文化 IP 创新。创新文化 IP，并把文化 IP 植入不同的授权体系中去。多彩贵州文产集团新开发了 "苗龙部落" IP，丰富了多彩贵州品牌的内涵和形象，赋予多彩贵州品牌人格化和情感化。四是品牌输出创新。以 "多彩贵州" 品牌总部为母体、蓝本，进行品牌总部基因的输出。例如，深圳 "多彩贵州非遗村"，以 "品牌+非遗创意" 的品牌总部基因进行输出，在深圳打造 "缩小版" "局部版" 的多彩贵州文创园，实现了品牌整体输出深圳，扩大了品牌的影响力，壮大了无形资产。

3. 着力强化制度保障建设

多彩贵州品牌无形资产在实际运作中凸显了 "政治保障、制度保障、人才保障、政策保障" 四大保障。多彩贵州文产集团加强公司党委领导和班子建设，加强干部职工的思想建设、作风建设、队伍建设，强化政治保障。加快改革进度，按照现代企业制度，健全完善集团公司内部经营制度、管理制度、考核制度、激励制度，强化制度保障。以整合资源的形式吸纳多方人才，建立良好的人才储备及人才保障，形成了一支品牌无形资产运作的专业人才队伍，健全人才保障。高位统筹、主动对接、超前谋划，积极争取国家相关政策支持，贯彻落实省委、省政府相关政策，争取政策保障。

（三）"多彩贵州"品牌运营模式经验总结

1. 顶层设计，强力推动

推动与大数据、大生态、大扶贫的融合发展。2016年全国两会上，时任省长孙志刚表示，"十三五"期间要把供给侧结构性改革作为经济工作的主抓手，实现从粗放到集约、从传统主导到创新主导、从中低端到中高端的改变，要形成品种丰、品质优、品牌强的贵州特色产品生产供给体系，使全省经济发生质的结构性重大变化。"多彩贵州"实现品牌价值的溢价，借力品牌推动国有资产保值增值，做大做强"多彩贵州"产业集群，一方面要主动积极配合中央及省发展经济及文化旅游产业的整体决策部署，将品牌发展与贵州整体发展有机结合，促进"多彩贵州"品牌无形资产与大数据、大生态、大扶贫的融合，壮大国有无形资产；另一方面要谋划推动一批大数据、大生态、大扶贫深度融合的项目，以品牌无形资产为引领，创新品牌运作，形成独具特色的多彩贵州引领产业发展的品牌运作模式。

2. 强抓核心，规范管理

加强品牌建设，确保品牌无形资产保值增值。"多彩贵州"是贵州丰富多元的历史文化、民族文化、自然资源的"浓缩"，其品牌的重要特征是国有资产，是在政府强力推动下形成的文化产业无形资产，是集贵州全省之力联合打造的超级文化IP。为了助力多彩贵州特色民族文化强省建设，使"多彩贵州"无形资产保值增值，有关部门统筹协调、依法规范，加强品牌建设，实施系统管理，从商标的授权到品牌及标识的使用，执行一套完整的标准化体系，避免品牌被乱用滥用。"多彩贵州"品牌以市场整合更多的内外部资源，运作壮大品牌，壮大市场主体，追求无形资产效益利用的最大化，通过市场主体的运作来做大做强"多彩贵州"品牌无形资产，让无形资产产生溢价。

3. 深度融合，多元路径

（1）"品牌+文创"融合。以文化资源为基础，以创意为灵魂，以科技手段为支撑，深入挖掘、梳理文化资源，实现多彩贵州品牌与设计、演艺、出版、营销推广、策划、规划等文化创意产业的深度融合发展。通过创意对文化资源进行提升，最后形成市场需求的产品，打造"多彩贵州"大文创产业群。多彩贵州·山地百货目前已设计研发文创产品300余款，经验销售产品80余款。

（2）"品牌+旅游"融合。实现多彩贵州品牌与旅游六大要素"吃、住、行、游、购、娱"有机、科学、合理地融合发展，打造"多彩贵州"大文旅产业群。例如，多彩贵州文化创意园，整个园区被打造成集参观、体验、购物、餐饮、观演为一体的门户型文化旅游目的地。又如，多彩贵州酒店已呈现多彩纳孔民宿、多彩贵州忆境酒店等项目。

（3）"品牌+科技"融合。通过互联网、物联网、信息处理、大数据及相关科技手段的运用，为"多彩贵州"品牌集群增值，实现多彩贵州品牌与互联网、大数据及相关科技手段的深度融合。例如，集团旗下成立了诸如多彩贵州文化数据化平台、多彩贵州影业、多彩贵州全景文化传媒等多家与科技相融合的子公司。

（4）"品牌+生态"融合。"品牌+生态"，实现多彩贵州品牌与贵州原生态环境、原生态物产、原生态文化的深度融合，打造"多彩贵州"大生态产业群，如多彩贵州水、多彩贵州酒、多彩贵州生态农庄等。

三、"多彩贵州"品牌运营面临的主要困境

"多彩贵州"在多年的实践探索中，努力走出了一条有别于其他品牌建设发展的新路，在业界产生了广泛影响，得到了充分肯定。但相对于其他领域看得见、摸得着的有形资产、重资产，文化品牌作为一种无形资产、轻资产，在建设发展上依然存在较明显的劣势，面临不少发展困境。

（一）"多彩贵州"品牌价值评估难，导致认同感和融资受限

品牌是一个事物区别于另一个事物的重要标识，是一个事物的核心竞争力所在。一个事物贴上诸如 LV、爱马仕、可口可乐等品牌标识，其价值就会变得不可估量。"多彩贵州"品牌亦是如此，从公益性的角度来看，该品牌对于整体提升贵州对外美誉度和影响力上具有深远意义；就经营性角度而言，"多彩贵州"品牌商标用在水、茶、演艺、酒店等产业产品时，对于提升该产业产品的公信力和市场价值也具有重要作用。但对于这样的无形资产尤其是文化品牌，其价值究竟有多少？对此，不同的人有不同的看法，放在不同的行业和领域也会产生不同的效果，品牌价值往往会很难给出一个准确的数值。就目前来看，全国各省乃至从国家层面对于无形资产价值评估这一课题尚处于研究阶段，还未真正有效破题，这导致人们在对无形资产价值评估上的"自由裁量权"偏大，不便于精准把握，客观上对品牌资产保值增值带来一定影响。同时，也正是由于文化无形资产价值的评估存在难度，导致开展银行抵押质押活动受限，"融资难、融资慢、融资贵"的问题还普遍存在。

（二）依法依规使用文化品牌还存在一定差距

以"多彩贵州"为例，尽管品牌管理部门、工商行政部门等在打击品牌侵权方面出台了相关文件，也采取了相应措施，但是现实中违法违规使用品牌、侵害品牌商标利益的现象仍然存在。首先有理念、观念上的问题，表现在一些部门和地区认为该品牌是省里统一打造的品牌，使用该品牌也是在做宣传推广，想使用就可以用。但省委、省政府为了更好地保护品牌，确保品牌可持续发展，专门成立机构，授权管理维护品牌，还完成商标全类注册，目的就是为了依法依规管理使用好品牌，防止品牌被乱用、滥用。

（三）品牌运作的工作机制还不尽完善

"多彩贵州"来之不易，打造十余年，取得了一定的经济和社会效益，并已受到广泛认可和关注，需持续集中资源和力量加强部门联动进行打造。特别是 2018 年省文改领导小组专门印发《"多彩贵州"品牌发展方案》，在任务分工上涉及多个部门和地区，需要各有关部门和地区支持配合、共同发力，形成持续高效、上下联动、协调配合并广泛参与的品牌运作机制。但从现实情况看，一些部门和地区在重视程度上还有待提升、在推进力度上还有待加大，仅靠多彩贵州产业集团作为国有企业的力量去对接和争取，一些工作任务还无法及时有效地得到落实。

四、促进"多彩贵州"品牌可持续发展的对策建议

按照省委、省政府有关工作部署，要保护好、使用好"多彩贵州"品牌，进一步塑造多彩贵州形象，延伸品牌产业链条，提升品牌价值影响，必须多部门合作、多渠道推进、多措施打造，确保"多彩

贵州"品牌做强、做优、做大。

（一）加强品牌的规范管理和使用

必须更为清晰地界定公益使用与商业使用两者之间的关系，开列出无偿使用与有偿使用的类别清单，这是实现规范管理使用的前提，避免品牌用泛用滥。加强对"多彩贵州"品牌文字、符号、图形等标识管理与推广，尤其是对授权使用的品牌标识加强指导，确保品牌标识和形象在具体运用上不出错误。要进一步加强与工商行政部门的合作，按照《商标法》《合同法》等法律法规和《"多彩贵州"商标管理使用办法》，加大对商标侵权行为的打击和惩处力度，切实管理好、保护好"多彩贵州"，维护品牌商标的合法权益。

（二）着力探索品牌价值有效评估

要有效地整合省内外在文化品牌建设发展领域的专业人士和科研机构力量，搭建品牌研究智库平台，找准"多彩贵州"品牌在实施公益性活动和拓展产业化发展上存在的问题进行攻关，问诊把脉、建言献策，深度挖掘品牌核心价值，形成一套更加科学完善的品牌价值体系。进一步发挥"政、产、学、研"协同创新机制的作用，通过组织开展咨询培训、规划推广、品牌研讨等活动，积极探索"多彩贵州"品牌如何估值，如何有效保值增值，并在此基础上积极探索"多彩贵州"品牌抵押融资产品设计和开发，博采众长，集专家集体智慧为品牌可持续发展不断夯实基础。

（三）全方位、多角度开展品牌的宣传推广

尽管近年来"多彩贵州"这一品牌在省内外乃至国内外都一度产生了广泛影响，知晓面、受众度不断提高，但是"好酒也怕巷子深"，品牌的宣传推广仍然需要持续升温，让更多的人更加全面、深入地了

解并熟悉这一品牌，特别是吸引更多的年轻群体喜欢上这一品牌，积极主动参与到品牌的宣传推广中来。要借助央视等高端媒体进行宣传投放，不断提升品牌公信力。尤其是要充分发挥互联网、大数据等现代技术手段作用，对品牌进行全方位、多角度宣传推介，将品牌的美誉度和影响力传播得更广更远。要组织开展系列公益性活动、对外文化交流活动，吸引更多人参与到品牌推介中来，推动形成"人人参与、人人受益"的环境氛围。

（四） 着力推进品牌与其他产业深度融合常态化

文化具有非常强的渗透力和融合性，文化品牌也是如此。按照省委战略部署，大力推动"多彩贵州"品牌与"大扶贫""大数据""大生态""大健康"、全域旅游等深度融合，以品牌为引领，充分挖掘品牌价值，与产品优势互动互补，不断做优做长产业链。重点要以实施"品牌+项目"战略为抓手，创新谋划实施一批品牌与科技、旅游、文创、生态、康体等领域深度融合发展的项目，全面提升品牌与项目的整体实力。

（五） 加强促进品牌发展的机制建设

大力推进集团法人治理结构、经营机制、预决算制度、品牌平台运营机制、对外投资风控机制、激励机制等的改革。强化问题导向意识，在创新落实品牌建设发展的领导体制和工作机制上下深功夫，适时推动各相关部门和地区召开工作调度会，针对重点问题和工作难题，及时研究协商解决办法。进一步深化品牌商标管理企业改革，建立灵活、高效、科学的企业内部管理运作机制，不断拓展与相关领域的合作。积极争取并用足用好国家和省已出台的相关政策，以政策"红利"更好助推品牌打造。同时，品牌建设离不开人才的培养使用，积极探索市场化选聘人才路径，广开引才引智之门，创新人才引聘模式，加强人才引进、薪酬激励、用人机制等方面的创新，实施职业经理人试点、争取人才政策扶持、健全人才培训机制，不拘一格任用人才，储备和锻造一支文化品牌运营能力强的人才队伍。

参考文献

［1］倪江鹏：《万科轻资产运营模式转型的案例分析》，江西财经大学硕士学位论文，2018年。

［2］朱婷婷：《YG地产集团轻资产运营模式研究》，南京大学硕士学位论文，2016年。

［3］郭献山：《企业轻资产经营模式下的品牌创建研究》，《时代经贸》2018年第29期。

［4］王晶：《轻资产运营模式及操作要点分析》，企业管理出版社2006年版。

［5］肖凤：《轻资产运营模式研究——以腾讯公司为例》，《纳税》2018年第26期。

［6］王卫星、林凯：《轻资产运营下科技型中小企业盈利模式的实证研究》，《科技管理研究》2015年第7期。

2019 年文化产业大事记

1 月 3 日，2019 年元旦假期全国旅游收入统计，贵州省排第三，旅游总收入 40.23 亿元，接待游客总数 596.13 万人次。

1 月 9 日，贵州省文化和旅游厅印发《贵州省入境旅游奖励办法》和《贵州省入境旅游奖励申报细则》，最高奖励 50 万元。

1 月 22 日，2018 年贵州省旅游总人数达 9.69 亿人次，比上年增长 30.2%，连续三年增长率超过 30%；实现旅游总收入 9471.03 亿元，增长 33.1%；旅游人数增长全国第一，成功跻身中国旅游"第一方阵"。

2 月 10 日，春节假日期间，贵州省共实现旅游总收入 155.8 亿元，同比增长 34.6%；接待游客 2384.9 万人次，同比增长 24.1%。

3 月 4 日，贵州省文化和旅游厅印发《贵州省 2019 年度文化旅游市场监管和综合执法监督工作指导意见》。

3 月 6 日，贵州省文化和旅游厅印发《贵州省旅游质量提升方案》。

4 月 11 日，2018 年文化和旅游部优秀研究成果（旅游类）公布。本年度共 46 项成果获奖，其中，学术论文类 22 项、专著类 10 项、教材类 2 项、研究报告类 7 项、规划报告类 5 项。贵州高校共获 3 项优秀奖。

4 月 22 日，贵州省景区服务质量提升暨安全管理现场会提出，贵州省将全方位发力提升景区服务质量，打造"满意旅游"品牌，持续推进旅游井喷式增长。

5月21日，贵州省8地上榜"2019中国最美县域名单"，分别是册亨县、榕江县、毕节市百里杜鹃管理区、赤水市、务川县、荔波县、水城县、江口县。

6月26日，贵州省文化和旅游厅荣获第六届中国西部旅游产业博览会优秀组织奖。

7月16日，2019年上半年贵州省旅游总人数5.72亿人次，比上年同期增长21.6%；旅游总收入5740.80亿元，增长31.0%。

7月30日，贵州梵净山自然保护区、赤水市、凤冈县、石阡县4个区县入选中国天然氧吧。

7月31日，2019多彩贵州文化艺术节开幕。

8月8日，贵州省政府批复，同意7处历史文化街区被列为省级历史文化街区，分别是遵义市老城、高桥2处，思南县安化、小桥沟、李家寨3处，石阡县温泉、万寿2处。

8月12日，贵阳和仁怀两城市入围"2019中国最具幸福感城市"。

9月4日，国家公布首批71个国家全域旅游示范区名单，贵州省贵阳市花溪区、遵义市赤水市、六盘水市盘州市三地上榜。

9月4日，贵州省青年诗人姚瑶创作的《芦笙吹响的地方》诗集荣获全国第二十八届"东丽杯"鲁藜诗歌奖诗集类一等奖。

9月5日，镇远古镇、西江千户苗寨、梵净山风景区和黄果树风景区上榜全国"适游"景区。在全国各省600余个景区的游玩舒适度中，贵州总数位居全国第二。

9月6日，贵州画家陈石入驻"艺品万家"平台。

9月12日，贵州人民出版社图书《回望长征——72次走进长征路纪实》荣获2019中国编辑学会美术读物编辑专业委员会年会暨第28届"金牛杯"优秀美术图书评选"金奖"。

9月17日，贵州六盘水市贵州三线建设博物馆、中国科学院国家天文台FAST观测基地入选全国爱国主义教育示范基地。此次命名后，全国爱国主义教育示范基地总数达到 473 个。

9 月 24 日，贵阳市确定为第 17 届东博会中方"魅力之城"。

9 月 27 日，"追梦展多彩　感恩铸华章——贵州省庆祝中华人民共和国成立 70 周年大型成就展"在贵州美术馆开展。

10 月 8 日，2019 年国庆长假贵州省接待入黔游客 2855.77 万人次，同比增长 23.91%；旅游收入 434.05 亿元，同比增长 30.69%。

10 月 9 日，贵州百里杜鹃花海、阿西里西·韭菜坪花海入选 2019 年中国森林旅游美景推广地，成为 2019 年"最美花海"。

10 月 14 日，2019 年中国北京世界园艺博览会贵州省室内展馆获得特等奖，贵州省室外展园获得金奖。

10 月 17 日，贵州共有 11 处文物保护单位入选第八批全国重点文物保护单位。

10 月 23 日，贵州遵义市丹霞谷旅游风景区入选"中国森林氧吧"，遵义市是贵州唯一上榜地区。截至目前，全国已有 203 家优质森林旅游胜地入选"中国森林氧吧"榜单。

10 月 25 日，2019 年贵州省文化产业"十佳人物""十佳企业"及"十佳品牌"陆续出炉。"十佳人物"：韦应丽三都水族自治县应丽马尾绣贸易有限公司、邵志庆贵州省花灯剧院有限责任公司、张鹏健遵义市演艺集团有限公司、侯丹梅贵州京剧院有限责任公司、赵山贵州贝加尔乐器有限公司、莫江涛贵州向黔进旅游文化（集团）影视传媒有限公司、高光友大方县高光彝风漆器开发有限公司、蒙珺贵州日报当代融媒体集团、令狐昌林贵州多彩宝互联网服务有限公司、杨昌芹赤水市牵手竹艺发展有限公司。

"十佳企业"：贵州人民出版社有限公司、贵州省石阡温泉投资开发有限公司、贵州电子商务云运营有限责任公司、贵阳演艺集团有限公司、铜仁市交通旅游开发投资集团有限公司、安顺旅游投资有限公司、习水红城旅游产业发展有限公司、丹寨县国春银饰有限责任公司、黔东南州歌舞团有限责任公司和贵州禾田文化传媒有限公司。

"十佳品牌"：《贵州文库》贵州人民出版社有限公司、多彩贵州风多彩贵州文化艺术股份有限公司、秦汉影视城贵州匀城文体旅投资开发有限公司、海龙屯传奇文化（贵州）景区运营管理有限公司、太阳鼓贵州今彩民族文化研发有限公司、亚鲁王紫云自治县亚鲁王文化旅游产业发展有限公司、蝴蝶妈妈贵州雷山多彩文化旅游演艺有限公司、星空影城贵州星空影业有限公司、沿河藤编沿河土家族自治县红峰藤制品有限公司、智慧广电贵州省广播电视信息网络股份有限公司。

10月27日，贵州人民出版社蒲公英童书馆引进出版的《蓝色星星的孩子国》荣获2019"我最喜爱的童书"阅读推广活动"儿童文学组"金奖、《达尔文女孩》获"儿童文学组"提名奖。

11月1日，贵州省发布10个山地旅游标准，当日执行。

11月16日，遵义市被评为2019年度中国国家旅游最佳红色旅游目的地。

11月21日，贵州生态博物馆数量占全国1/4。中国目前共有16个生态博物馆，六枝梭嘎生态博物馆是中国第一座生态博物馆。

11月23日，近日国际天文学联合会正式命名梵净山星，这是我国继"黄山星"后以名山命名的少数小行星。

11月28日，贵州入选美国《国家地理》杂志发布的"2020年最佳旅行清单"，贵州为中国唯一入选地区。在这份清单上，全球有25个旅游目的地被推荐。

11月29日，第三届贵州少数民族文学创作"金贵奖"建议获奖作品19个，最终获奖者18个。

12月2日，贵州140家保护单位入选国家级非遗代表性项目保护单位。其中包括侗族琵琶歌、苗族芦笙舞（滚山珠）、木偶戏（石阡木偶戏）等项目的保护单位。

12 月 3 日，贵州微电影《我真的很在乎》《白鹭归来》荣获 2019 第四届美丽乡村国际微电影艺术节暨金杜鹃奖第七届全国微电影大赛三项大奖。

12 月 5 日，2019 "TV 地标"中国电视媒体暨"时代之声"全国广播业综合实力大型调研成果发布会在北京隆重召开。由贵州省委宣传部出品的 38 集重大革命历史题材电视剧《伟大的转折》荣获"年度优秀剧集"称号。

12 月 6 日，由贵州省委宣传部选送、贵州人民出版社申报的数字出版精品项目《"一带一路"动漫故事》入围国家新闻出版署 2019 年度数字出版精品遴选推荐计划。这是国家新闻出版署首次组织对数字出版产品和服务进行整体遴选推荐。

12 月 9 日，梵净山入选"中国醉美摄影旅游目的地"，成为贵州省首个获此殊荣的地方。此次全国共有 20 个景点景区获此称号。

12 月 11 日，由贵州省委宣传部选送、贵州数字出版有限公司申报的数字出版精品项目"本草风物志·中草药数据库"成功入围国家新闻出版署 2019 年度数字出版精品遴选推荐计划。

12 月 17 日，贵州有 6 个村获得"全国生态文化村"称号，是本年度被授予"全国生态文化村"称号最多的省份之一（今年全国共 132 个村被授予"全国生态文化村"称号）。

12 月 17 日，由贵州制作的苗绣作品《锦绣台江》在"2019 法国国家艺术沙龙展"上荣获卓越工艺奖，这是台江苗绣在国际艺术展上获得的最高奖项。

12 月 24 日，贵州省首个旅游地学研学基地在平塘天坑群景区正式挂牌，平塘再添旅游研学新名片。

12 月 27 日，省政府批复同意《杨粲墓文物保护规划》，这是"西南古代石刻艺术宝库"杨粲墓发掘半个多世纪后，首次发布的文物保护规划。

12 月 30 日，贵州省庆祝中华人民共和国成立 70 周年重点出版物新书发布会在贵阳举行。发布会上，正式发布了《贵州脱贫攻坚 70 年》《奋进发展的贵州（1949—2019）系列丛书》《元帅少年丛书》《五姐妹》《好人好马上三线——贵州三线记忆口述实录》5 部新书。